Hans Pollner

So seh'g i des

„Bunterkunte" Bilder und Geschichten
zum Schmunzeln, Staunen
und Nachdenken

atto
Verlag Atting

Weitere Informationen über dieses Buch und den Autor
finden Sie auch im Internet unter:
www.so-sehg-i-des.de
kontakt@so-sehg-i-des.de

sowie auf der Website von Hans Pollner:
www.akita-mani-yo.de

ISBN 978-3-942590-00-6
2. Auflage, 2011

Verlag:
Atto-Verlag Hans Gerlach e. K.
Attostraße 20
94348 Atting
Tel.: 09421/1897225
Fax: 09421/18562016

www.attoverlag.de
hallo@attoverlag.de

Satz, Buchgestaltung: Hans Pollner, Piflas
Druck und Bindung: Passavia Druckservice, Passau
Lektorat: Daniela Reindl, Petra Pollner
Autorenfoto und Buchbeschreibung: Thomas Gärtner, Ergolding
Portraitbild von Fredl Fesl auf der Buchrückseite
mit freundlicher Genehmigung von Eduard Sommer

Inhalt

Vorwort

Als Hans seinen roten Faden suchte und dabei 42 bunte Pullis fand.

Ich bin gerade am Suchen und Überlegen, ob es vielleicht so eine Art roten Faden geben könnte, der sich durch all das zieht, was ich hier in diesem Buch mit meinen Bildern und Texten zum Ausdruck bringen möchte.

Nach einer Tasse Milchkaffee und noch mehr Überlegen habe ich nun endlich einen Faden finden können. Leider, oder zum Glück, ist es aber kein roter Faden, sondern ich sehe da vielmehr einen bunten Faden, der sich mal mehr oder weniger farbenfroh durch die Tage, Jahre, ja durch das ganze Leben schlängelt.

Dann stelle ich mir vor, man würde immer am Geburtstag einen selbstgestrickten Pulli geschenkt bekommen und dieser Pulli wäre jedes Jahr aus so einem persönlichen „365-Tage-Jahreswollfaden" neu gestrickt worden.

Weiter stelle ich mir eine lange Wäscheleine vor, auf der meine ganzen Pullis hängen. Viele davon sind kunterbunt, manche sind nicht ganz so farbenfroh und stellenweise etwas monotoner gestrickt. Jeder Pulli ist aber auf seine Weise etwas Besonderes und Einzigartiges, kann durchaus auch kleine Fehler haben, weil schon mal der Faden reißen kann bei so viel Strickarbeit.

Tja, und von diesem langen und bunten Faden, aus dem im Laufe der Jahre 42 Pullis gestrickt wurden, erzählen Euch hier in diesem Buch meine Bilder und Geschichten.

Nun wünsche ich Euch allen viel Freude beim Lesen und Schauen, dass keiner seinen Faden verlieren muss, Ihr viel staunen, lachen, schmunzeln, aber auch nachdenken könnt. Und dass der eine oder andere dann sagen kann: „Schön war´s, bunt war´s, mal in der Spur, mal neben der Spur und meist mit viel Frohnatur ...

... das wünsche ich mir."

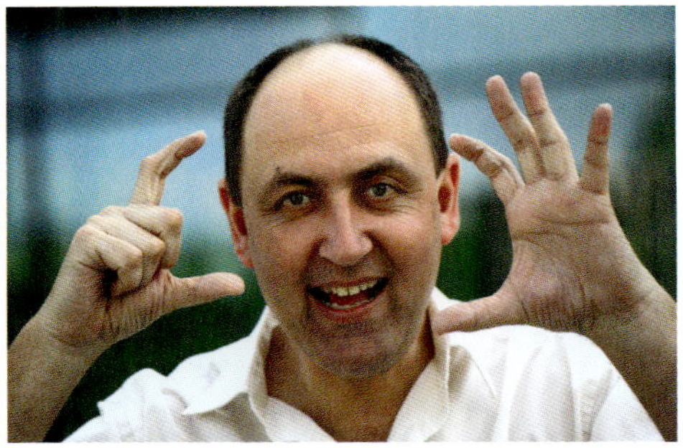

Viele Grüße, der bayerische Indianer mit den 42 bunten Pullis

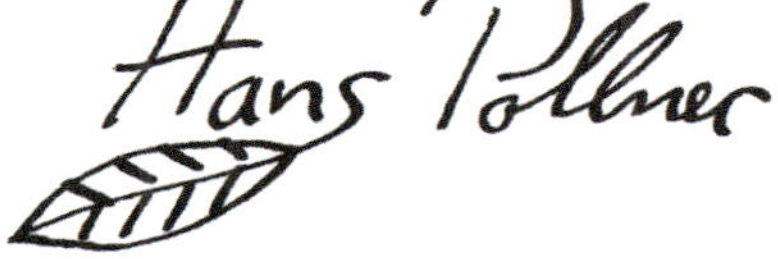

Für das Licht, das nie erlischt, weil es immer für mich leuchtet.

Dieses Buch widme ich dem Menschen, der mir am meisten fehlt, der mir unendlich viel bedeutet, mir so viel mit auf meinen Weg gegeben hat und der die beste Erdbeermarmelade der Welt zubereiten konnte.

Möge Dein herzerfrischendes, allzeit ansteckendes Lachen und Deine Lebensfreude, die Du Tag für Tag ausgestrahlt hast, hier in diesem Buch „weiterstrahlen“ und auch andere anstecken.

Ich widme dieses Buch
meiner lieben Mama.

Akrobatik wie wild in Wort und Bild

Der Landstreicher …

… bringt Farbe und Abwechslung in unser Leben.

Herr Grünzweig ist Landstreicher. Ohne seinen Fleiß, seine aufopferungsvolle und unermüdliche Arbeit würde die Welt viel trostloser aussehen. Besonders zu Frühlingsbeginn haben die Landstreicher wieder jede Menge zu tun, weil sie der Natur einen neuen, frischen Frühjahrsanstrich verpassen müssen.

Manchmal ist Herr Grünzweig ein bisschen traurig, weil die Berufsgruppe der Landstreicher irgendwie ein schlechtes Image hat und die Menschen seine Arbeit zu wenig würdigen. Im Volksmund werden Landstreicher als obdachlos lebende Personen bezeichnet. Diese „streichen" mehr oder weniger faul durch das Land und betteln um milde Gaben.

Solche Denk- und Sichtweisen ärgern Herrn Grünzweig. Er und seine Landstreichkollegen sind doch dafür verantwortlich, dass die Bäume, Sträucher, Wiesen und Felder jeden Frühling wieder ihre Farbe bekommen. Wer würde die Erdbeeren, Kirschen, Tomaten ... im Sommer rot anmalen, wenn es keine Landstreicher geben würde? Jedes noch so kleine Gänseblümchen braucht in der Mitte einen gelben Punkt und wer macht die Hyazinthenblüten so schön blau?

Wie Ihr sehen könnt, habe ich Herrn Grünzweig einen Tag lang bei seiner Arbeit als Landstreicher begleitet um mir ein Bild von seinem Arbeitsalltag zu machen. Dabei habe ich viel gelernt und Dinge erfahren über die Landstreicherei. So hat mir Herr Grünzweig erklärt, dass er nur biologische Naturfarben verwendet und dass Landstreicher fast keine Schwarzarbeit machen können. Ausnahme sei zum Beispiel die schwarze Johannisbeere, aber solch „pfrümelige" Kleinarbeit kann Herr Grünzweig gar nicht leiden. Er streicht da lieber Rapsfelder gelb an, „Da sieht man abends viel besser, was man den ganzen Tag über so gemacht hat", hat mir Herr Grünzweig erklärt.

Ich hoffe, dass durch mein Bild und meine Erklärungen vielen Menschen verständlich wird, wie wichtig Landstreicher gerade heute in unserer modernen Zeit sind, in der wir uns täglich immer mehr mit grauem Beton und grauen Gedanken zupflastern.

Mein Lob und Dank an alle Landstreicher dieser Welt, die Farbe in unser Leben bringen!

»Herr Grünzweig ist Landstreicher. Er macht die Bäume im Frühling grün und gibt jedem Gänseblümchen in der Mitte sein gelbes Pünktchen.«

Als das Heu sich vor Klingeln schreckte

Was viele nicht wissen, weil sie sich einfach zu wenig Gedanken machen.

Früher, ja da hießen
die kleinen grünen Riesen
ganz ohne Sinn und Zwecke
nur Heu ganz ohne Schrecke.

Das Heu, es flog und hüpfte furchtlos ohne Schrecken
über Felder, Wiesen und auch Hecken.
So ging es viele schöne Sommer lang,
bis irgendwann der kleine Franzl kam.

Der Franzl saß vor seinem Fahrrad in der Hocke,
am Lenker glänzte eine große Glocke.
Und vom schönen Glanze angezogen
kam ein Heu herbeigeflogen.

Es landete auf der Glocke voller Chrom
und saß dort genüsslich wie auf einem Thron.
Franz jedoch, der kleine Schlingel,
läutet dreimal laut auf seiner Klingel.

Das Heu ist dabei so sehr erschrocken
und meidet seither alle Fahrradglocken.
Und fliegt ein Heu bei Dir mal um die Ecke,
so weißt Du nun, warum ein jeder sagt dazu HEUSCHRECKE.

„Copyleftverletzung“

Wenn man in einen Apfel beißt und diesen nach links hält,
dann handelt es sich dabei eindeutig um eine „Copyleftverletzung“.

Kopieren geht heutzutage über Studieren.
Und überhaupt, warum soll ich mich schinden,
wenn andere etwas für mich erfinden.

Da will ich mich schonen und tue lieber klonen.
Die ganze Welt dann über mich staunt und auf mich schaut,
aber ich hab´s nur geklaut.

Ich bin ein Genie und ich liebe die Kopie.
Ja, ich bin schlau und g´scheid
und pfeif auf´s Copyright.

Dann schnell ins Internet, damit andere auch Freude daran haben.
Die Leute dann kommen wie wild und von überall her klicken,
um meine geklauten Werke dann nochmals weiterzuschicken.

Wenn aber jeder so handelt und denkt
und sich gegenseitig nur Geklautes schenkt,
dann sind wir am Ende alle mit falschen Federn geschmückt ...

... und darüber wohl auch noch entzückt.

Pfann"KUH"chen

Wenn man eine Kuh kreativ in die Pfanne haut und noch ein wenig verziert,
dann wird dies zu Mittag gern als Pfann"Kuh"chen serviert.

Sandstand

Ein Handstand, bei dem ein Kind im Sand stand und sich drehte wie wild, ergab am Ende ein Sandstandbild.

Was machen Sommersprossen eigentlich im Winter?

Worüber ich mir so Gedanken mache und den Kopf zerbreche.

Wieso ist das Inter nett und ein Mikro so soft?

Wer hat das Halo-Gen so hell gemacht?

Warum braucht die Hand einen Schuh und das Bild einen Schirm?

Warum ist Stärke so laut und das Mucksmäuschen so still?

Wieso erzieht man Kinder im Garten?

Wie kommt die Milch in den Zahn und das Foto zum Grafen?

Warum braucht jeder Stamm einen Tisch und Steine ein Pflaster?

Wer hat der Maus eine Sendung gegeben?

Warum fragen oder rufen manche Zeichen!?!?!?

Warum braucht die Lücke einen Zahn und das Leben eine Weisheit?

Wieso braucht Public neuerdings ein Viewing und Kaffee ein To Go?

Warum hat der Schreiber eine Kugel und der Halter einen Füller?

Warum braucht der Quark eine Tasche und Bienen einen Stich?

Wer hat dem Bass ein Kontra gegeben, und wieso hat die Harmonika einen Mund?

Warum brauchen Bürger einen Meister und das Land einen Rat?

Warum tut Geld schmieren und ich über solche Dinge studieren?

Photo voll Teig

Schau moi oana o, wos ma aus Teig so alles macha ko.

Wer is immer und überall,
sogar am Dach vom oidn Hühnerstall?
Das Photo voll Teig

Wer gibt der modernen Landwirtschaft wieder Sinn
und macht am Kuastoidach den meistn Gwinn?
Das Photo voll Teig

Wer macht graue, wochenlange Regentage
zur „Energiezerstörungsplage“?
Das Photo voll Teig

Wer verdeckt de scheena Biberschwanz
und gibt unserm Dorf an neua Future-Einheitsglanz?
Das Photo voll Teig

Welche „Saat“ bringt auf bestem Ackerland uns reiche Ernte ein
und „wächst“ besonders gut bei hellem Sonnenschein?
Das Photo voll Teig

Mensch, wer hätte das gedacht,
was ein Photo voll Teig uns für Freude macht.

Punktesystem

Wir leben in einer Welt aus lauter Punkten.

Der Anfang hat einen Punkt, das Ende hat einen Punkt und dazwischen gibt es viele Zwischenpunkte.

Der Sensor meiner Kamera hat Millionen von Punkten. Ein paar Flecken hat er auch, das gibt aber Minuspunkte.

Du schreibst einen Satz, der endet mit einem Punkt.

Der Motor im Auto braucht einen Zündzeitpunkt.

Machst Du etwas besonders gut, so bekommst Du einen Bonuspunkt.

Bist Du treu, so bekommst Du einen Treuepunkt.

Der Karl sucht schon seit 20 Jahren einen gewissen G-Punkt bei seiner Frau und findet ihn nicht.

Der grüne Punkt trennt den Müll, der später wieder auf einen Haufen kommt.

Geht jemand zu weit, dann hebt man den Finger und sagt: „Jetzt mach aber mal einen Punkt“.

Reden wir über ein Thema, so brauchen wir einen Themenpunkt.

Wir streiten auch gern, dann geht es um so vieles, nur nicht um den Streitpunkt.

Oben am Gipfel freue ich mich immer, weil da der Aussichtspunkt so schön ist.

Zu Mittag ist der Tag an einem Wendepunkt und man sagt nicht mehr „Guten Morgen“, sondern „Mahlzeit“.

Um Punkt 19 Uhr kommt das Sandmännchen. Die Kinder haben dann einen müden Punkt.

Manche Schmerzen sind weg nach einer AkuPUNKTur.

Der Fritz hat einen Tiefpunkt, weil er zu schnell gefahren ist und dafür 3 Punkte bekommt.

So hüpfen wir meist gestresst und gedankenlos durch das Leben, ohne an den wichtigsten Punkt zu denken. Den Punkt, der uns so viele andere Punkte erst erkennen und verstehen lässt

- der Ruhepunkt.

»Ein kleiner Punkt ist ein Pünktchen und wenn Du viele kleine Pünktchen in einer vorgegebenen Zeit erledigst, dann bist Du pünktlich.«

„Reh-Animation"

Experten sind speziell trainiert, um in einer Notlage immer richtig und schnell handeln zu können.

Man spricht vom Glück im Unglück, wenn zur richtigen Zeit die richtigen Spezialisten am richtigen Ort sind, um in einer Notlage genau das Richtige zu tun.

Und so gelang es Thomas und mir, einen Elch, der von einem Auto plattgefahren worden war, durch sofortiges und professionelles Handeln wiederzubeleben.

Während Thomas dem Elchherz mittels einer Autobatterie und Starterkabel durch gezielte Elektroschocks wieder Leben einhauchte, gelang es mir mithilfe einer XXL-Luftpumpe und einer speziellen imPOsanten „Analbeatmungstechnik" (diese bitte nicht bei Menschen praktizieren), den Elch wieder zu „reh-animieren" bzw. mit Sauerstoff aufzupumpen.

Diese Technik wird normalerweise bei Rehen angewandt (darum sagt man ja auch „Reh-Animation"), sie funktioniert aber ebenso bei Elchen und Elefanten.

Der Unfallverursacher, ein Geländewagenfahrer, hat Fahrerflucht begangen und wird noch immer gesucht. Der Elch ist inzwischen wieder bei bester Laune und Gesundheit. Er streift lebensfroh durch Auenwälder und grast freudig über saftig grüne niederbayerische Wiesen.

»Eine „Reh-Animation" funktioniert nicht nur bei Rehen, sondern kann - wenn sie richtig angewendet wird - auch Elchleben retten.«

Nur an Katzensprung weida ...

... is ma oft im Leben gscheida.
Da Maus hod des aber nix gnutzt, weil de Katz hods trotzdem „verputzt“.

„Schneebra"

A Zebra kimmt aus Afrika und hod a schwarze Haut mit weiße Streifen.
Hods jedoch schwarze Streifen auf weißer Haut, so is a „Schneebra", des dann so ausschaut.

Überschallfliege

Sie mag Musik, nur wenn sie laut ist!

Der Jahreskreis, von Weihnachten bis Halloween, von Liachtmess bis Kirta

Am 2. Februar is „Schneederball-Day"

A ganz a neimoderna, multikultureller „Mischfeierdog"
ausm bayrischen Maria Liachtmess und dem amerikanischen Murmeltierdog.

Es gibt ja so allerhand Brauchtümer und Feierdog auf da ganzn Welt. Wos a gscheider Bayer is, der woaß zum Beispiel, dass am 2. Februar Maria Liachtmess is. Für de Knechte und Mägde war des früher da wichtigste Dog vom ganzn Jahr, weil an Liachtmess begann und endete des Arbeitsjahr vo de Dienstboten.

An dem Dog hod da Bauer sein Geldbeutel aufmacha miaßn und de Dienstboten ham eana „Pulver" (Arbeitslohn) fürs ganze Jahr kriagt. Um 1900 hod a Magd grod amoi 5 Mark Jahresgehalt ghabt. 5 Mark, des san 2,50 Euro. Mit anderen Worten: Des glangt heid grod so für zwoa Lebakässemmen. Jetz stellts eich vor, ihr habts grod zwoa Lebakässemmen und de miaßn a ganz Jahr lang glanga. Do daad se de Fastnzeit schee lang hiziang, meiliaba!

An Liachtmess san a de Wachskerzn fürs ganze Jahr gweiht worn. Ois Kinder san mir mit da Oma in de Kirch ganga und mia ham an Blasiussegen kriagt. Do hod da Pfarrer zwoa Kerzen über Kreuz an unsern Hals ghoidn und gsogt: „Auf die Fürsprache des Heiligen Blasius bewahre Dich der Herr vor Halskrankheit und allem Bösen." Laut Erzählung hod da Heilige Blasius nämlich an kloana Buam, der a Fischgrätn verschluckt hod, sei Leben gerettet.
A Woch drauf hob i trotzdem Halsweh ghabt. Vielleicht, weil i so a Lausbua war und bei mir zwoa Kerzen einfach z´wenig warn. Vorm Bösen bin i a ned bewahrt worn, denn noch de Sommerferien hob i an recht an „hantigen, meineidigen" oder auf guad neideutsch gsogt: Pädagogisch nicht sehr wertvollen Lehrer kriagt - und des glei ganze zwoa Jahr lang.

Weil de in Amerika koane so scheena alten Bräuche und Bauernfeierdog wia mia ned ham, so hams selba wos erfinden miaßn, damits am 2. Februar a wos zum Feiern ham. Des ganze hoaßt bei dene dann: „Groundhog Day" (Murmeltiertag). Im US-Bundesstaat Pennsylvania gibts a kloane Stadt, de hoaßt Punxsutawney. Bei uns in Niederbayern war des so ungefähr wia „Grammekam" oder „Boandlkofa". Ganz Amerika schaut an dem Dog auf Punxsutawney, genauer gsogt auf a kloans Murmeltier namens „Punxsutawney Phil". Wenn des Murmeltier am Liachtmessdog aus seim Bau kimmt und seinen eigenen Schatten sieht, also wenn de Sonna scheint am 2. Februar in Punxsutawney, dann sogt de amerikanische Bauernregel, dass da Winter no mindestens 6 Wochen lang dauert. Wirft des Murmeltier koan Schatten, dann gfreid se ganz Amerika, weil da Frühling boid kimmt. I glaub, dene in Alaska is des aber wurst, de Mexikaner a. Und ganz ehrlich gsogt, uns Bayern konns a wurst sei.

Da unsere jüngere Generation soiche „oidzopfadn" (altbackenen) Feierdog wia Liachtmess von Haus aus uncool findt, hob i ma denkt, es muaß in Zeiten der Globalisierung a neia Feiadog her. De neimoderna Omas gengan mit de Enkelkinda eh vui liaba in a „Schnellesswirtshaus" auf a Fischsemme ois in de Kirch auf an Blasiussegen. De „baazwoachen" Fischsemmen ham außerdem eh koane Grätn ned und so besteht a koa Erstickungsgefahr. Vielleicht sollt da moderne Pfarrer heid liaba im „Schnellesswirtshaus" vo Tisch zu Tisch geh, de Kinder zwoa Kerzn hinhalten und dabei song: „Der Heilige Blasius bewahre Dich vorm Übelsein, auf dass Du muasst koane Fischsemmen ned speim."

Mei neia, zum Patent angemeldeter internationaler Feierdog hoaßt: „Schneederball-Day". Jeden 2. Februar miaßn ab jetzt zwoa Schneemänner baut wern. Zum einen, a boarischa Schneemo namens „Blasius". Der hod an Federballschläger in seina Hand und a Bomberlhaum am Kopf drom. Zum anderen sein amerikanischer Gegenspieler namens „Punxsutawney Phil". Der hod koan Federballschläger, sondern an Badmintonschläger. Des is zwar im Prinzip des Gleiche, aber Badmintonschläger klingt einfach amerikanischer und is somit automatisch besser, so wia ois andere a „besser" is, wos aus Amerika kimmt. Er hod a koa Bomberlhaum aufm Kopf , sondern so an Verschnitt aus Cowboyhut und Zylinderhut.

De beiden spuin dann „Schneederball" und ballern se mit de Schläger solang de Schneebälle um de Ohren, bis oan vo dene zwoa sei „Gelberuamnosn" ausm Gsicht reißt. Wer dann ois Ersta koa Nosn mehr im Gsicht hod, der hod verloren, und da ander hod folglich um a ganze Nasenlänge gwonna.

Wos hod des jetz für Auswirkungen auf unser Wetter bzw. auf de Zukunft der beiden Schneemänner? Ganz einfach: Wenn zum Beispiel da Blasius gwinnt, dann hoaßt des für uns in Bayern, dass nach dem 2. Februar no mindestens sechs Wochan lang saukoid is. Es bleibt weiterhin Winter, und alle boarischn Schneemänner gfrein se bis tiaf unter eana Bomberlhaum, weils no ned so schnell ins „Frühjahrsschwitzen" kemman. Des is zwar schlecht für uns, aber guad und lebensnotwendig für de ganzn boarischn Schneemänner. Umgekehrt gfrein se dann aber de Menschen in Pennsylvania, weil da Frühling dort eher kimmt und da Schnee endlich wegschmuizt.

Beim diesjährigen „Schneederball-Day" hinterm Haus auf da Pollnerischen Schafwiesn is wieda recht wuid zuaganga. Da Blasi und da Phil ham se de Schneederbälle zwoa Stund lang ohne Nasenverlust zuagschossn. Zum Schluss hob i dann einschreitn miaßn und hob dera Sach a End gmacht. I bin einfach herganga und hob an Blasi in sei Nosn bissn und eam sein großen „Gelberuamzinken" raziputz ausm Gsicht gfressn. Bei dera Gelberuamgröße war des zwar a Überdosis an Vitamin A für mi, aber a des Aus fürn boarischn Winter.

In da Nacht vom 2. aufn 3. Februar is glei a warmer Föhnsturm kemma und es hod taut. Grod gurgelt hod des Schneewasser in de Dachrinnen. Glei nochm Frühstück hob i den Rasenmäher tankt und mi gfreid aufs Rasenmähen, hob de Liegen naus auf de Terrassn, mia a frische Radlermaß eigschenkt und de erstn Salatpflanzl im Mistbeetl gsetzt.

Irgendwos stimmt aber ned, heid hods scho wieder gschneit. I glaub, do mog mi oana verarschen!

Und ganz ehrlich gsogt: „De Feierdog san a nimma, wos amoi warn ..."

Im Fasching

Ja, do ziang ma o unsa scheenstes Gwand
und fahrn mit dem Heiwagl durchs Land.

Wenn ma des Gras wachsen hört ...

... dann is da Frühling nimma weid her.

Da Schnee auf da Wiesn hod se langsam in de Mauslöcher verzong und der Holzvorrat hinterm Haus is ausm Kamin naus gflong.

De kloa Simone sogt, sie hod des Gras scho wachsen ghört. Mei Nachbar, der Rasenmäherfetischist gfreid se und denkt: „Des is nia verkehrt!“

De Güllegruam is voll. Da Papa find des toll, weil er endlich wieda stinga konn, denn er hockt doch so gern auf seim Bulldog om.

Da Frühling kimmt, des is ganz gwiss, weil ma beim Radlfahrn scho de erste Fliang ins Aug nei is.

I hob mei Freid, weil zu dera Zeit san de Nächte und des Gwand von de Madln wieda kürzer worn und des haut so manchen Blick noch vorn.

De Eiskugel in da Eisdiele is fast wia jedes Jahr um a Zehnerl teuriga worn. Obwohl alle redn vo Krise und sparn, duad der kloane dicke Italiener an nogelneia rotn Sportwong fahrn.

Mit da Katz is a a Kreiz. De kimmt gor nimma zuara, rennt oiwei de gamsigen Kodern noch, des Luada.

De Fastenzeit is fast vergessn. Beim Starkbierfest werd grod so gsuffa und grod gfressn. An Ostern werd des schwere Gewissen aber wieder leicht, weil do werd jede Schweinshax beim Pfarrer beicht.

De Kinder san schlimm, ham glei an großen Weihnachtswunschzettel an den Osterhasen gschriem. So a Osterhas is heid nimma zu beneiden, vom vuia XXL-Geschenke-Legen duad sei zartes Osterhasenarscherl sehr drunter leiden.

Ach ja, des war am letztn Märzwochenende wirklich schlimm. Do war scho de erste Werbung von am Planschbecken im Postkastl drin.

Da Frühling ziagt ins Land und alle brauchans a neis Gwand, fürs Auto neie Sommerreifen und de Mama duad an Papa am Samsdog glei dreimoi in Baumarkt schleifn.

Da Arno kriagt de Krise, weil jetz Blumen wachsen in da Wiese. Sei Welt is monoton und grau, aus solche Leid werd i ned schlau.

I sitz aufm Bankerl mit am Haferl Kaffee in da Hand und gspür, wia de Wärm schee langsam krawed in mei Gwand.

Im Oktober, do sitz man dann wieda auf de Bankerl umanand und wartn, bis de Herbstsonn krawed uns ins Gwand.

Dann wünsch ma uns, es sei wieder Mai und weil uns langsam friad, hoaz ma kurz drauf den Hoizofa ei.

Und alle, de bis dohi des Gras ned ham wachsn hörn kenna, de wern dann a no den Winter verpenna.

Hoppel, der Angsthase

Eine Osterhasengeschichte für alle Angsthasen

Hoppel kam bereits als Osterhase auf die Welt. Schon sein Großvater und Urgroßvater waren auch Osterhasen. „Und wenn ich einmal groß bin, dann will ich auch so ein berühmter Osterhase, wie Großvater einer ist, werden" sagte der kleine Hoppel zu seiner Mama.

Als Hoppel dann älter und größer wurde, hatte er vor so vielen Dingen Angst. Seine Geschwister legten schon lange selber ihre ersten kleinen Ostereier, aber Hoppel traute sich nicht, weil sie ja vielleicht dabei zerbrechen könnten. Nachts träumte er, dass seine Ostereier ausschauen könnten wie gewöhnliche Hühnereier und nicht so schön bunt sein könnten wie die Ostereier seiner Kollegen. Als Hoppel nach einem langen Winter seine ersten Fellhaare verlor, hatte er Angst, dass ihm kein Sommerfell nachwächst und er im Frühjahr nackt herumhoppeln müsste. Er hatte Angst, keine Osterhasenfrau zu finden, weil seine Ohren vielleicht zu groß sein könnten oder sein Stummelschwänzchen zu klein. Wo doch Osterhasenfrauen so großen Wert auf ein schönes Schwänzchen legen.

Wenn er über die Wiesen hoppelte, um Futter zu suchen, dann knabberte er immer nur an vierblättrigen Kleeblättern, um nicht unglücklich zu werden. Sogar vorm Hakenschlagen auf den Feldern hatte er Angst, weil er dachte, dass er sich dabei seine Pfoten verstauchen könnte.

Kurzum, Hoppel war alles andere als ein echter Osterhase. Er war der größte ANGSTHASE aller Zeiten und alle anderen Osterhasen lachten nur über ihn. Hoppel war sehr traurig.

Eines Tages, kurz vor Ostern, traf Hoppel den alten Waschbären Willi, welcher wie so oft vor seinem Bau in der Sonne saß und eine Pfeife rauchte. „Was schaust Du denn so traurig," fragte der Willi, „es ist doch Osterzeit und da haben so Osterhasen wie Du doch Hochsaison und was Besseres zu tun, als so traurig und ängstlich durch die Gegend zu hüpfen."

Eigentlich hatte Hoppel ja auch Angst vor Waschbären, aber vor lauter Traurigkeit hatte er seine Angst ganz vergessen und so erzählte er dem Waschbären, dass er der größte Angsthase aller Zeiten sei. Willi hörte zu, ging nach einer Weile in seinen Bau und kam kurz darauf mit einer zweiten Pfeife wieder zurück. „So, Du Oberangsthase," sagte Willi, „jetzt wollen wir gemeinsam ein Pfeifchen rauchen und jedes Wölkchen, das aus Deiner Pfeife kommt, wird ein Stück Deiner Angst sein. Du musst sie nur loslassen wollen: Die Angst ist das, was Dich im Leben davon abhält, so zu sein, wie und wer Du wirklich bist."

Zug um Zug paffte Hoppel seine ganze Angst und Traurigkeit in die Luft, und nach einer Weile war er der größte, schönste und glücklichste OSTERHASE der Welt.

Von seiner Angst blieb nur noch eine große Angsthasenrauchwolke über, die fast so aussah wie Hoppel selbst und die sich aber bald darauf verzog.

Tanz in den Mai

Mach Dei eigene Musik, spui auf und gfrei Di dabei.
Nimm des Glück bei da Hand und tanz in den Mai.

Die Eisheiligen

Pankratius, Servatius, Bonifatius und de koid Sophie de schmuizn dahi.
Aus is da Winta und koana fahrt mehr Ski.

Sommergedanken

Wenn da Wind und de Richtung stimmt

Des Leben is a Freid, wenn i auf meim oidn Motorradl durch Niederbayern reit. Nix is wichtig, nix pressiert, Hauptsach, de Kettn von da DKW is gschmiert. Koa Telefon, koa „host Du schon", koa Zahnarzttermin, koana der frogt: „Host Du no wos Helles für de Waschmaschin?", koa Trachten-Outlet, koa Fabrikverkauf und auf dem Straßenschuidl vor mir steht bloß 3 Kilometer bis noch Hösacker drauf.

I brauch koa Navi, i hoid nur mei Nosn in den Wind und denk ma, „schee is heid, de Richtung stimmt". Bevor ma mi sieht, konn ma mi scho hörn, weil de oide DKW duad ned winseln, sondern röhrn. I mog des, wenn a Motor no so schmatzd und se im Fahrtwind ab und zua a Fliang auf meiner Sonnenbruin dabaatzd.

I schnauf den Sommer ganz tiaf ei, der riacht noch Felder, Wald und frischem Hei und neuerdings is a no a bissl Mähdrescherstaub mit dabei. Dann dauerts wohl a nimma lang und ma sieht de Bulldog mitm Pfluag wieda über de Felder fahrn. Und mir foid ei: „Hmm, des werd doch jetz ned da Sommer scho wieder gwesen sei, es war doch grod erst Mai."

Und weil grod Freitag is, kaaf i ma im Biergartn an Steckerlfisch. Bei da Bedienung bestell i mir a Bier. Sie lacht mi o und sogt: „Schau, schau, der Herr Pollner is amoi wieda hier." Unter de Kastanienbaam sitz i dann und schau in aller Rua zwoa Preissn beim Weißwurstessn zua. Sie redn und planen vom Urlaub, vom Reisen fern und weit. Aber is da beste Urlaub ned jetz und heid?

Und wenn i dann beim Bieseln steh am Klo, dann bin i froh, weil an da Tür steht Buama & Madl no dro.

Der Dog is hoaß und schwül, aber i mogs liaba kühl. Drum fahr i weida zur Isarkiesbank, des is ma da liabste „Kühlschrank". Und de Forelle de jetz schwimmt bei mir im Magen, geht des letzte moi mit mir nun baden. Dann flack i auf de Kieslstoana umanand und hob mei haselnussane Stoaschleida in da Hand, mit der schiaß i dann a verroste Blechbüchsn zamm. Dann dua i lässig an meim Stumpen ziang und lass kloane Wolkerl zum Himme fliang. A halbe Schachtel hob i des Jahr scho graucht, so wias ausschaut is de bis zum Herbst verbraucht.

Dann fahr i wieda weida. Aber vorher, do is gscheida, du dipfest 3 Moi am Vergaser dro, dann springt de DKW glei bessa o. An Blinker hob i ned, i streck de Hand einfach naus und schmier bei jedem „Blinkvorgang" da Elektronik oans aus. Und so knatter i von Ort zu Ort mit ganz natürlichem Fahrkomfort. Des is manchmoi ganz schee hart, weil früher hod ma an da Federung gspart. Doch bei allem, wos im Leben „gfedert" is worn, geht unterm Strich doch nur des Guade und Echte verlorn.

»Sie redn und planen vom Urlaub, vom Reisen fern und weit. Aber is da beste Urlaub ned jetz und heid?«

All inclusive

Mein Strand, meine Poolbar, mein Speisesaal …
Doch wer kann und will sich diesen Luxus noch leisten?

Der Bademeister

I brauch koa Wellnesswochenende und den ganzen Kaas.
I fühl mi wohl und hob des ganze Jahr mein Spaß!

Sommerausflug

Nix is z´schwer, z´hoch oder z´weid,
wenn Du a Ziel host, des se lohnt und des Di gfreid.

In Dreck eisteing

Wennst amoi in Dreck eisteigst, dann sog ned: „O Graus, kimm i do je wieda raus?"
Laaf einfach weida und lern wos draus.

A gscheida Kirta …

… geht vo Sunda, Moda und Irda und er ko se leicht schicka, glei gar bis hi zum Migga.

Fast jedes Dorf feierte bis weit in das 19. Jahrhundert hinein mit einem mehrtägigen Kirtafest alle Jahre im Oktober die Weihe seiner Kirche. Im Jahreskreis war dies eines der wichtigsten Feste. Es wurde getanzt, gelacht, es gab viel zu trinken und zu essen. Für viele war der Kirta eine kurze Atempause, eine Art verlängertes „Wellnesswochenende“, bei dem man sich vom harten bäuerlichen Arbeitsalltag ausruhen konnte. Was ein richtiger Kirta war, der ging von: „Sunda, Moda und Irda und es ko se leicht schicka, glei gar bis hi zum Migga.“

Früher waren am Kirchweihmontag grundsätzlich auch die Geschäfte geschlossen. Heute im Zeitalter von Konsum und Kommerz laden die Geschäfte vielerorts sogar am Kirchweihsonntag zum verkaufsoffenen Sonntag ein. Der Kirchweihmontag ist schon lange ein Arbeitstag wie jeder andere auch geworden. „Ois muaß heid ja schneller geh, wer derf do no umananda steh?“

Viele der alten Kirchweihbräuche sind heute leider fast in Vergessenheit geraten. Oft erinnern nur noch die Kirchweihenten und -gänse auf den Speisekarten der Wirtshäuser an dieses Fest.

Meine Schwester und ich haben am Samstag vor Kirchweih ganz traditionell „Kiachen“ gebacken. Ich hab den Hefeteig mit der Hand geschlagen und der elektrischen Küchenmaschine meine Zunge rausgestreckt. Das alte Nudelbrett und der große, hölzerne Kochlöffel von der Mama kamen dabei auch wieder mal zum Einsatz. In der Küche wurde der Holzofen so richtig angefeuert, weils der Hefeteig gern warm mag. Die Mama hat uns damals oft geschimpft, wenn wir Kinder beim „Kiachebacha“ dauernd zur Tür rein und wieder raus sind. „Kinda, meiliabaschiaba, bei Zugluft do wachst doch der Hefeteig ned!“ Und ich habe meine Kinder heute geschimpft, weil die kein Gramm besser sind als wir es damals waren.

Heute steht der große Traktor im Hintergrund und ganz weit hinten der neue Stall mit Milchautomat. Vieles hat sich verändert, vieles ist aber auch geblieben: Das Nudelbrett, der große Kochlöffel, der Holzofen, der alte Topf ...

... und de guadn „Kiachen“ an Kirchweih. Nur ganz so guad wia de von da Mama sans leider nimma.

Bei all den „Leckereien“ an Kirchweih muss ich aber auch an den Luk denken. Luk ist schon 94 Jahre alt.

An einem Kirchweihmontag hat er mir mal vom Krieg, von Stalingrad, von der schlimmen Zeit, in der er in Gefangenschaft war, erzählt.

Dann sagte er zu mir:

»Heid is ois ganz anders, heid is jeder Dog wia Kirta.«

Es herbstelt

Wenn de Kinder ham a Freid, weils Blaadl schneit, ja dann herbstelts.

Wenn de scheena Alufelgen in Winterschlaf miaßn und ma de Salatpflanzl nimma muaß giaßn, ja dann herbstelts.

Wenn de Rasenmäher so staad wia de Schweibal san und unten san mehra Blaadl wia oben am Baam, ja dann herbstelts.

Wenn de Welt wieda spinnt und Ende September da erste Nikolaus im Kaufhaus „Stille Nacht" singt, ja dann herbstelts.

Wenn de Standheizung besser wia de Klimaanlag is und a des Teehaferl steht wieder öfter am Tisch, ja dann herbstelts.

Wenn die Leid de Händ wieder steck n ganz tiaf in de Taschen und heimlich den ersten Lebkuacha vernaschen, ja dann herbstelts.

Wenn de Nosn wieder rinnt, de Umwälzpumpen vo da Heizung spinnt und da Kaminkehrer kimmt, ja dann herbstelts.

Wenn nur no de richtigen Motorradler fahrn, weil de Warmduscher zum Glück a Saisonkennzeichen ham, ja dann herbstelts.

Wenn da umweltbewusste Öko-Deutsche wieder spart, weil eam a tschechischer Lastwong des billigste Brennholz bis direkt vor sei Haustür rüber karrt, ja dann herbstelts.

Wenn da Nachbar scho um sechse in da Fria vorm Auto fluacht, weil er verzweifelt den Eiskratzer vom letzten Winter suacht, ja dann herbstelts.

Wenn se in solche Zeiten zwoa Schnäppchenjäger beim SALE am Wühltisch über de neie Thermounterwäsch streitn, dann is des a Gschieß und Herbst is ganz gwiß.

Ich geh mit meiner Laterne …

… und meine Laterne mit mir.

Landshut schläft

I denk ma, wos de Leid jetz grod versamman,
weils do unt im Bett no lieng und tramman.

O du fröhliche Halloweenzeit

I wünsch Eich a scheens Happy Halloween!

O du fröhliche,
o du selige,
süßigkeitenbringende Halloweenzeit.
Scheena heimischa Brauchtum geht verloren,
amerikanischer Reimport ward geboren.
Wenn da Kommerz nur wartn muaß auf a Mitfahrgelegenheit,
dann freue, freue, dich, o Halloweenzeit.

O du fröhliche,
o du selige,
„traditionsbewusste“ Halloweenzeit.
Bonbongangster san an da Haustür erschienen,
um Dein Garten mit Klopapier zu verminen.
Wenn Du für sie host koa Süßigkeiten bereit,
dann freue, freue dich, o Nachbarschaftsstreit.

O du fröhliche,
o du selige,
hohlköpfige Kürbiskopfzeit.
Keltische Heere se im Grab umdrehen,
wenn sie Halloween heid kanntn sehn.
Doch machts den Kindern ruhig de Freid,
und feierts de guade, scheene, oide Halloweenzeit.

Adv€nt i$ wieda

Leid, hoids eichane Geldbeidl bereit, jetz kimmt de staade Zeit.

Da November, der war wieder warm und so is heid da letzte Rasenmäher no amoi in da Nachbarschaft gfahrn. Ma hod so seine Zwänge, denn a gscheida deutscher Rasen braucht a übern Winter sei genormte Länge. Außerdem, wenn boid da Nikolaus kimmt, is wichtig, dass wenigstens de Sach mit dem Rasen stimmt.

Im Gfrierfach hod da Papa no drei Halsgrat und a Packerl Würstel gfundn und feierlich zum 1. Advent den Grill ozundn. Zur Nachspeise hod er sich aber sakrisch sein Magen verstaucht, do hod er an Lebkuacha in den Rest vo da Mama ihra guadn Zazikisoße eitaucht.

In da Stadt vor de Cafes, ja do sitzn de Leid auf da Straß wia zur Sommerszeit. Des is heid ois koa Problem, du muaßt doch nur unter so an „Heizschwammerl" sitzen oder stehn. Wer dann trotzdem friert, der werd ganz ungeniert mit drei Schaffelle verziert, bis er vom Winter wirklich gor nix mehr spürt und dann werd Bananensplit statt Glühwein serviert.

Da „Santa Klausi" is jetz quasi nackt. Er hod sein Rentierschlitten kürzlich abgewrackt. Aber koa Angst, durch a staatliches Förderprogramm derf er a weiterhin mit dem Cola-Laster seine Geschenke ausfahrn.

Zu de Christkindlmärkte muaß er a nimma hin, weil X-Mas-Partys de san jetz in. Ja, wo is da der Sinn?

De boarischn Toskanahäuser leuchten hell. Sie san traditionell mit Lichterketten verziert, so dass de neie Voltaikanlag sogar in da Nacht an Strom produziert.

De Bethlehemralley is voll im Gang. An jeder Kasse steht a lange Schlang. Alle laufen, alle kaufen und vor lauter „i muaß schenken" hörn de Leid von selber auf zu denken.

Drum Leid, seids gscheid und schenkts eich einfach bloß moi wieda Zeit. Ned fürn Kommerz und a ned zum Renna, sondern Zeit, um wieder moi staad sei zum kenna.

Gebts a Rua, des is doch gnua. Do braucht ma a koan Winter und koan Schnee, manchmoi langt doch scho des guade oide Kanapee.

Weihnachten 2010

Eine etwas andere Weihnachtsgeschichte nach dem ganz neuen Testament.

So wie es auf meinem Bild zu sehen ist, so könnte es damals gewesen sein - man erzählt es sich zumindest so.

Aber wie wäre es wohl, wenn Jesus nicht vor 2010 Jahren in Bethlehem das Licht der Welt erblickt hätte, sondern am 24. Dezember 2010 im niederbayerischen Ergolding in einer Neubausiedlung im Rohbau eines Atriumhauses mit Feng-Shui-Innenhof zur Welt gekommen wäre?

Da wir fast keine Marias und Josefs (Seppen) mehr hier in Bayern haben, gehe ich fest davon aus, dass die Eltern von Jesus wohl eher Jennifer und Björn heißen würden und ausschließlich hochdeutsch sprechen.

Björn wäre kein Zimmermann mehr, sondern eine Montagefachkraft für hölzerne Bauelemente, denn das „Zimmern" haben schon längst computergesteuerte High-Tech-Holzbearbeitungsmaschinen übernommen.

Als Jennifer monatelang in einem „Schnelless-wirtshaus" arbeitete und immer dicker wurde, kommt von Björn schließlich die Frage: „Hey Jenny, sag mal, Dein Bauch wächst von Tag zu Tag, Du isst mir, glaube ich, zuviel von diesen Tscheesebörgan?" Jennifer antwortet darauf mit jungfräulichem Unschuldsblick: „Nein Björn, ich muss Dir was sagen. Ich bin schwanger und bekomme ein Kind vom Heiligen Geist."

Und wer jetzt denkt, dass Björn diese Nachricht ganz cool und locker weggesteckt hat, von wegen, der irrt.

Björn war schockiert, er hat sofort in seinen alten Bravo-Heften gewühlt, die Telefonnummer von Dr. Sommer herausgesucht und dort angerufen, um nachzufragen, ob man vom Heiligen Geist wirklich schwanger werden könnte. Dr. Sommer sagte nur: „Björn, der Heilige Geist kann alles!" Auf diesen Schock hin ging Björn erstmal ins Heilig-Geist-Stüberl und kaufte sich ein großes Schnitzel mit Pommes.

Danach sah die Welt schon wieder viel besser aus und Björn dachte sich: „Was sein muss, das muss sein und der Heilige Geist wird sich schon was dabei gedacht haben."

Dann kam die große Wirtschaftskrise. Björn wurde arbeitslos und die Miete für die Wohnung konnte auch nicht mehr bezahlt werden. Zusammen mit seiner hochschwangeren Jennifer fuhr er mit seinem alten Opel Ascona von Arbeitsamt zu Arbeitsamt, aber überall wurden sie abgewiesen und wieder weitergeschickt. Keine Arbeit, kein Geld, keine Wohnung und kein Kinderzimmer für Jesus in Aussicht.

Am 24. Dezember war es dann soweit. Jenny sagte plötzlich: „Komm Björn, lass uns ein stilles Fleckchen suchen, der kleine Jesus will nun raus." Björn lenkte seinen alten Ascona in die Neubausiedlung am Stadtrand. Oben auf einem Baukran hatten die Arbeiter einen 3000-Watt-Halogenstrahler vergessen abzuschalten und so folgten Björn und Jennifer dem hellen Halogenlichterstern und schlichen in eines der vielen halbfertigen Atriumhäuser.

In einem kleinen Zimmer, in dem die Fußbodenheizung noch nicht ganz fertig verlegt war, kam dann schließlich Jesus auf die Welt. Jennifer legte das Kind auf eine Packung Schaumstoffplatten und Björn deckte es liebevoll mit Isoliermaterial zu, damit es nicht frieren musste.

Später kamen noch Drei Heilige Könige vorbei, die aus dem Wirtshaus fliehen mussten, weil sie in den Gaststätten ihren heiligen Weihrauch angezündet hatten. Das ist inzwischen ja gesetzlich verboten hier in Bayern. Auch waren sie auf der Flucht vor der Drogenfahndung, weil sie zuviel Weihrauch und Myrrhe auf ihre Kamele geladen hatten.

Sie „parkten“ schließlich ihre Kamele direkt im Herzstück des Atriumhauses, im Feng-Shui-Innenhof und brachten dem Kind viele Geschenke: Gold, Weihrauch, Myrrhe und ein Handy mit Flatrate.

Björn baute sich von dem Gold eine eigene Schreinerwerkstatt. Er zimmerte und schreinerte wieder traditionell nach bayerischer Handarbeit und Qualität, konnte gutes Geld damit verdienen und seine Familie ernähren.

Obwohl Jennifer mit dem kleinen Jesus niemals zum Babyschwimmen ging, auch keine Mutter-Kind-Gruppe besuchte und Jesus ohne musikalische Früherziehung aufwuchs, war sie dem Kind eine gute und liebevolle Mutter.

Ganz neues Testament
Johannes Pollner,
Kapitel 11, Vers 1 - 24

„Ich denke, Jesus wird, wenn er mal groß ist, noch viel mehr Wunder wirken müssen als damals vor ca. 2000 Jahren, denn da war die Welt noch heiler als sie es heute ist.

Aber zum Glück hat er ja schon ein Handy mit Flatrate.“

Sachan gibts,
de gibts gar ned

Der Mondkitzler

Als Hans den Mond kitzelte, musste dieser zum ersten Mal so richtig lachen.

Am 8. Januar 2010 um 17:05:39 Uhr MBZ (mittelbayerische Zeit) meldete das bayerische Raumfahrtzentrum in Holzkirchen: Das Ziel der Mission „Laughing Moon" ist geglückt. Der Mond ist ab sofort kein kalter Planet mehr, er wurde gekitzelt, musste „mondhaft" dabei lachen und drehte sich freudig ein paar Mal um seine eigene Mondachse.

Stolz rammte „Hans-Luis Pollstrong" nach Beendigung seiner Mission die bayerische Fahne in den zugefrorenen Geroldsee und sagte: „Dies ist eine kleine „Kille-Kille-Pille-Palle-Aktion" für mich, aber ein großer Schritt für die bayerische Menschheit."

Das wissenschaftliche Projekt „Laughing Moon" soll während der Vollmondphasen über Jahre hinweg fortgesetzt werden und ein erdähnliches bayerisches Klima auf dem Mond hervorrufen.

Bayerische Weltraumexperten gehen davon aus, dass in ca. 20 Jahren auf dem Mond die ersten Biergärten eröffnet werden könnten. Die Grundstücks- und Immobilienpreise auf dem Mond sind nach dieser Meldung vor zwei Tagen rapide nach oben geschossen und werden weiter steigen. Besonders Mondgrundstücke auf der erdzugewandten Seite erfreuen sich großer Nachfrage und Beliebtheit. Denn wer möchte schon gerne hinterm Mond leben?

Die bayerische Mondlandeshauptstadt soll „Moonchen" heißen und eine erdige Brauerei kündigte im Vorfeld bereits ein vollmondig schmeckendes Starkbier mit dem Namen „Lunavator" an.

Wegen der großen Mondfeinstaubbelastung wird von Mondumweltexperten und Politikern eine ähnlich „sinnvolle" Feinstaub-Verordnung - wie sie bereits in München eingeführt und praktiziert wird - gefordert.

Heute ist wieder Vollmond. Wer Lust hat, kann gern mithelfen beim „Mondkitzeln", damit wir möglichst bald oben im Mondbiergarten sitzen können auf a frische Maß „Lunavator" mit Weißwürst und Brezn.

Jetzt bleibt nur noch die Frage offen: Was würde wohl passieren, wenn man die Mission „Laughing Moon" auf alle „Grantelhauer und machtgeilen Betonköpfe" dieser Welt anwenden würde?

Kitzeln für den Frieden, für eine globale Erwärmung der kalten, geldgierigen Herzen. Das wäre ein kleiner Schritt für uns alle und ein großer Schritt für die Menschlichkeit.

»Dies ist eine kleine „Kille-Kille-Pille-Palle-Aktion" für mich, aber ein großer Schritt für die bayerische Menschheit.«

Das Apfelblasen

Eine traditionell bayerische Erntetechnik in # # # A-Dur

Nach alter bayerischer Kapellmeistertradition werden bei uns in Bayern die Äpfel immer noch musikalisch von den Bäumen „heruntergespielt". Im Volksmund sagt man auch „Apfelblasen" dazu. Anderl Apfelbacher, der Großmeister unter den Apfelbläsern, hat derzeit alle Tuba voll zu tun und zieht mit seiner blechernen „Erntemaschine" durch die Lande, um fröhlich und munter die Äpfel von den Bäumen zu blasen.

Diese auf Feng-Shui basierende Erntetechnik hat sich als besonders biologisch erwiesen, da sich die Äpfel durch die sogenannten „Deep Vibrations" besonders sanft und schonend von den Zweigen lösen. Äpfel, die auf diese Weise vom Baum geholt werden, schmecken einfach besser und lassen sich leichter schälen. Äpfel sind sehr sensibel. Sie reifen über Monate am Baum und reagieren eben schnell „sauer", wenn man sie einfach so mit der Hand vom Baum reißt. Tja, und weil so ein Apfel dann sauer ist, so steigt zwangsläufig auch sein Säuregehalt an, und diese Äpfel schmecken dann eben sauer. In ganz schlimmen Fällen können Äpfel sogar stinksauer reagieren. Diese sind dann völlig ungenießbar und können allenfalls noch zu „Schnellfood" verarbeitet werden.

Je nach Apfelsorte setzt der Apfelbläser unterschiedliche Musikstücke und Melodien ein, um größtmögliche Ernteerfolge zu erzielen. Anderl Apfelbacher spielt am liebsten die von ihm selbst komponierte „Apfelpolka". Laut Aussage vom Apfelblasgroßmeister spüren insbesondere Würmer, die sich im Fruchtfleisch vergraben haben, die „Deep Tuba Vibrations" und verlassen daraufhin fluchtartig ihr „Apfelhaus". Dies hat zur Folge, dass die „Wurmbelastung" der Äpfel erheblich geringer ist, was wiederum jedem Tierschützer, aber auch Vegetarier das Herz höher schlagen lässt.

Abends sitzt Herr Apfelbacher immer zufrieden auf seiner apfelgrünen Breitkordcouch und dopt sich für den nächsten Arbeitstag mit einer Tasse „Blasen- & Vibrierentee". Nebenbei fischt er ein paar Äpfel, die tagsüber in seine Tuba gefallen sind, aus dem XXL-Blechtrichter und Frau Apfelbacher macht sogleich frischen Apfelkuchen daraus.

Beide sitzen dann am PC und schauen „Youtuba-Videos" im Internet an. Kurz vorm Schlafengehen streichelt Anderl seiner Frau liebevoll über die apfelroten Wangen. Frau Apfelbacher schmilzt dabei dahin und flüstert leise: „Schatz, ich liebe Deinen „Apple Macintouch".

»Äpfel sind sehr sensibel. Sie reifen über Monate am Baum und werden schnell „sauer", wenn man sie einfach so mit der Hand vom Baum reißt.«

Emmas Selbstportrait

Emma, die klügste und kreativste Schneckenbotschafterin der Welt

Kennt Ihr Emma Häuselschneck? Sie war den Sommer über bei Frau Müller im Garten. Frau Müller hat ein Feinsch"n"eckerrestaurant ganz am Ende der Straße.

Emma ist anders als die anderen Schnecken. Sie hatte keine Lust, nur immer das zu tun, was auch alle anderen Schnecken machen: Tag und Nacht vor sich hinschleimen, um sich lieb- und gedankenlos durch die Welt und die Salatblätter zu fressen.

Emma sagt: „Die Menschen hassen uns Schnecken, wir sind eine Plage für sie. Dabei sind die Menschen doch viel schlimmer und schleimiger und „fressen" jeden Tag noch gedankenloser viel mehr Natur kaputt als alle Schnecken zusammen auf dieser Welt." Emma jedoch war kreativ und schlau. Und so entschloss sie sich, kleine Kunstwerke und Botschaften in die Blätter zu fressen, damit die Menschen sich nicht ärgern müssen oder am Ende gar mit Schneckenkorn gegen sie in den Krieg ziehen.

Als Frau Müller wieder mal in der Küche stand, um Salat für die Gäste zuzubereiten, staunte sie nicht schlecht. Da waren kleine Herzen, Smileys, ein „@Emma-Zeichen", ja sogar ein Selbstportrait und noch viele andere kleine Kunstwerke in die Salatblätter geknabbert. Frau Müller freute sich so sehr darüber, dass sie gleich einen „Gutelaunemachsalat" aus diesen Salatblättern zubereitete, um diesen dann dem ewig griesgrämigen Herrn Grantlhauer an Tisch Nr. 666 zu servieren.

Frau Müllers Restaurant ist gut besucht, und neuerdings bestellen sich die Gäste jetzt immer „Salat Emma". Herr Grantlhauer hat diese Woche schon zweimal beim Salatessen lachen können und er schaut viel freundlicher drein.

Bevor er das Lokal wieder verlässt, bestellt er sich meist einen Schnaps, genauer gesagt einen „Schneckenkorn." „Ein Prost auf alle Schnecken dieser Welt!" ruft er dann und lacht dabei, inzwischen schon zum 7. Mal in dieser Woche!

»Menschen sind viel schleimiger als Schnecken und „fressen" weitaus mehr Natur kaputt als alle Schnecken auf der Welt.«

Biowattestäbchen

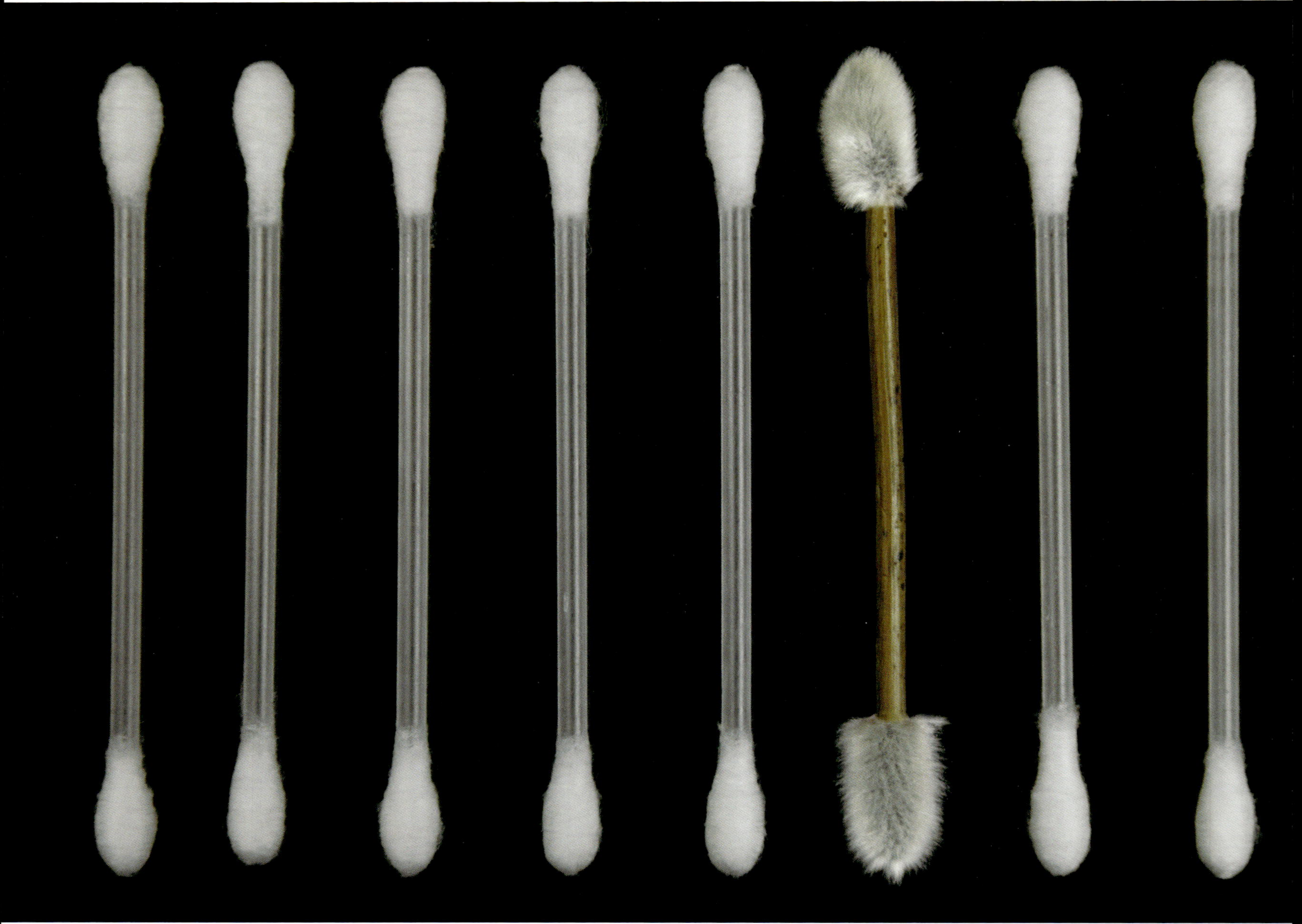

Ois wos heid guad is, des muaß Bio sei. Aber Leid, bittschön steckts Eich doch koane Boimkatzl ned in de Ohrwaschl nei!

Tarnanzug

Imagination heißt, Bilder mit eigener Vorstellungskraft und Phantasie im Kopf entstehen zu lassen.

Die Wolkenkratzer

Wenn der heilige Petrus und die Wettervorhersage überfordert sind,
dann können nur noch die Wolkenkratzer weiterhelfen.

Wenn graue Wolken am Himmel hängen, die Menschen tage- und wochenlang keine Sonnenstrahlen mehr zu Gesicht bekommen, so ist das eindeutig ein Fall für die Wolkenkratzer.

Diese kommen dann mit ihren langen „Wolkenkratzstöcken" anmarschiert und kratzen mit ausgestreckten Armen kleine blaue Löcher in den Himmel. Meist ist es wirklich nur ein kleines blaues Loch, das der Sonne als Art Starthilfe gegeben werden muss, damit diese die graue Wolkendecke restlos „wegdampfen" kann.

Im Allgemeinen sind Wolkenkratzer bei den Menschen sehr beliebt. Besonders am Wochenende oder in der Urlaubszeit wünschen sich viele, dass die Wolkenkratzer immer zur richtigen Zeit an der richtigen Stelle sind. Ohne Wolkenkratzer wäre zum Beispiel schon so manches Sommerfest oder die ein oder andere Grillparty ins Wasser gefallen. Viele Landwirte konnten ihr Getreide erst ernten oder das Heu einbringen, nachdem ein Wolkenkratzer vor Ort war.

Das wichtigste Arbeitsgerät der Wolkenkratzer ist deren „Wolkenkratzstab". Dieser muss nach alter und bewährter Wolkenkratzertradition aus den Ästen einer Blaumanntanne geschnitzt sein. Keinesfalls darf er aus dem Holz einer Trauerweide gefertigt werden. Dadurch könnte sich die eh schon traurige Wettersituation nur noch weiter verschlechtern.

Immer mehr Solarparks und „Photovoltaik-Bauernhofenergiefabriken" fordern inzwischen auch staatliche Zuschüsse und Förderungen, um ein flächendeckendes Wolkenkratzernetz aufbauen zu können. Bei lang anhaltenden Schlechtwetterperioden könnten somit Energie-Ernteeinbußen vermieden werden.

Ein echter Wolkenkratzer würde für seine Arbeit auch niemals Geld annehmen. Wolkenkratzer sind nämlich der Meinung, dass nicht alles, was einen Wert hat, auch einen Preis haben muss und dass umgekehrt nicht alles, was einen Preis hat, auch einen Wert haben muss.

Und so lassen sich die Wolkenkratzer ihre Arbeit je nach „Kratzaufwand" grundsätzlich mit etwas sehr Wertvollem bezahlen - einem Lächeln.

Wer weiß, vielleicht hätten wir Menschen viel weniger graue Wolken am Himmel, wenn wir einfach mehr lächeln würden?

Aber dann wären die Wolkenkratzer ja arbeitslos!

»Nicht alles, was einen Wert hat, muss auch einen Preis haben und umgekehrt hat nicht alles, was einen Preis hat, auch einen Wert.«

Bananasmokefish

Wenn da Fisch vom Kopf her stinkt, dass grod so raucha duad,
dann schmeckan de Bananen bsonders guad.

Vitamin-Sushi

Die Gentechnik hod gsogt: „Des war ja glacht"
und hod aus Äpfe und Birn „Vitamin-Sushi" gmacht.

24 Bit Farbtiefe

Ein Kalibrierbild für die Augen

Auf den ersten Blick ist hier nur ein bunter Malkasten zu sehen, aber es ist viel mehr versteckt in diesen 24 kleinen „Farbbits“:

(von oben links nach unten rechts)

1. Bienenwabe mit Honigbiene
2. Kochtopf gefüllt mit Chili con Carne
3. Kerze vom Adventkranz
4. Hemdknopf
5. Wollknäuel
6. Meine Füße im Schlamm (bei einer Kanutour)
7. Jeanshose
8. Backblech voll mit Rhabarberkuchen
9. Einsame Mohnblume in einem Weizenfeld
10. Augenbereich eines Büffels
11. Weißwürste schwimmend in einem Topf
12. Laib Krustenbrot von oben
13. Maiskolben leicht gesalzen
14. Halloween-Kürbis
15. Blüte einer Mohnblume mit Schwebefliege
16. Ponyfrisur eines Scottish Highland
17. Blütenkelch
18. Sonnenuntergang in den Bergen
19. Ente im Ammersee
20. Regentropfen auf einem Blatt
21. Haut eines Geckos
22. Holzpflock von oben
23. Leckere Kruste eines Schweinebratens
24. Schnauze eines Lamas (mit Zähnen)

Anderland

Ich will euch von Anderland erzählen,
einem Land, in dem alles anders ist als bei uns.

In Anderland leben - wie auch bei uns - Frauen, Männer und Kinder. Die Erwachsenen haben dort jedoch nicht viel zu sagen, weil sie mit zunehmendem Alter immer unvernünftiger, egoistischer und geldgieriger denken, reden und handeln würden. Alle wichtigen Entscheidungen werden dort von Kindern getroffen. Der Bundeskanzler von Anderland ist neun Jahre alt, und das Durchschnittsalter aller Politiker liegt bei elf Jahren.

Derzeit steckt Anderland auch in einer kleinen Wirtschaftskrise. Hier werden aber nicht die alten Autos abgewrackt, sondern es dürfen nur die neuen Autos, nämlich genau die, die zuviel produziert wurden, verschrottet werden. „Das ist ein natürlicher, gesunder und vernünftiger Lernprozess“ hat der siebenjährige Wirtschaftsminister den Autobauern in Anderland erklärt.

Den Menschen in Anderland stehen laut Gesetz 30 Arbeitstage pro Jahr zu, welche vom Arbeitgeber ausdrücklich genehmigt werden müssen. Der Rest vom Jahr besteht aus Urlaub. Obwohl der Anderländer viel Freizeit hat, verreist er nicht gerne, weil es in „Ganzwoanderland“ (also bei uns) nicht auszuhalten wäre. Eine Ausreisegenehmigung aus Anderland erhält man auch nur, wenn der Personalausweis oder Reisepass mindestens 3 Monate abgelaufen ist.

Geld verdienen ist in Anderland nicht so wichtig. Ganz im Gegenteil: Wer viel Geld hat, der ist arm, kann sich dort nichts leisten und ist unangesehen. IN sein ist in Anderland OUT, alles Uncoole ist cool und Altmodisches ist dort trendy und modern.

Wer eine Zeitung aus Anderland liest, der wird feststellen, dass dort keine Werbung abgedruckt ist. Die Menschen würden sonst nur unnötige Dinge kaufen, die sie am Ende gar nicht brauchen. Ein Anderland-Jahr besteht aus 365 Tagen ohne Uhrzeit. Man zählt dort nur die Tage. Das reicht vollkommen aus. Die Uhrzeit wurde abgeschafft, weil die Menschen sonst so hektisch sind und permanent das Gefühl haben, dass sie etwas versäumen könnten.

Es gibt keinen einzigen Supermarkt in Anderland. Dort wächst alles gleich fertig verpackt auf den Feldern und Bäumen. Bauer Anders erntet - wie man sehen kann - gerade Spanferkel mit seinem Schweinedrescher. Er hat sogar eine Sondergenehmigung von der anderländischen Berufsgenossenschaft erhalten, damit er mit Alkohol am Steuer seinen Beruf ausüben darf. Und so gießt Bauer Anders von Zeit zu Zeit einen Schluck Bier nach vorne ins Mähwerk, damit die Schweinekruste schön schmackhaft wird.

Es gibt aber auch zwei Dinge, die nicht so schön sind in Anderland. Zum einen müssen die Menschen dort bei Grün an der Ampel anhalten und dürfen erst bei Rot wieder weiterfahren. Zum anderen wachsen auf den Wiesen in Anderland nur vierblättrige Kleeblätter. Der Anderländer spricht also von „Glück ghabt“, wenn er an eine rote Ampel kommt oder ein dreiblättriges Kleeblatt findet.

Auf meinem Weg zur Arbeit hatte ich heute gleich drei rote Ampeln, und in meinem Garten wächst unendlich viel dreiblättriges Glück - was brauch ich da Anderland?

Rotärmchen

Wenn Du im Wald bist entzückt, weil jemand dort für Dich Blumen pflückt,
dann ist das kein Schnäppchen, sondern das rote Ärmchen vom Rotkäppchen.

Rotkäppchen war weit draußen im Wald und schaute umher. Die hellen Lichtstrahlen der Sonne funkelten nur so und um das Rotkäppchen herum war alles voller wunderschöner Blumen. Rotkäppchen dachte sich: "Mei, so vui Bleamal, do bring i meina Großmuatta an scheena Strauß davo mit. De werd se sakrisch drüber gfrein. Außerdem is ja eh no recht fria, do kimm i scho ned zu späd zu meina Oma." So sprang Rotkäppchen freudig durch den Wald und pflückte eine Blume nach der anderen, ohne dabei zu bemerken, dass es immer tiefer in den Wald hineinkam ...

Bis hierher kennt jeder so in etwa diese Geschichte. Normal erzählt man sich dann, dass der Wolf die Großmutter gefressen haben soll, sich ins Bett der alten Dame gelegt hat und dann kommt das übliche Frage-Antwort-Spiel: „Großmutter, warum hast Du so große Augen, Nase, Mund ... ?"

Das ist alles Quatsch, denn der Wolf war ein recht „gschleckerter Hund" (sehr wählerisch, was das Fressen anbelangt). Bevor er nämlich die steinalte und „zache" (zähe) Großmutter mit ihren 94 Jahren aus der Not heraus, sozusagen als „Fastfutter" gefressen hätte, da wäre er doch lieber in seiner Hungersnot zum Pollner-Bauern hinüber und hätte seinen „plärrfotzadn" (schreihalsigen) Giggerl mitsamt seiner ständig gaggernden weiblichen Gefolgschaft „verputzt". So ein Wolf ist nämlich nicht so blöd wie wir Menschen, der frisst nicht einfach alles so mir nix dir nix zamm!

Die reine und nackte Wahrheit jedoch ist, dass Rotkäppchen von einem fiesen, bösen „Problemwolf" bis auf ihr linkes „Rotärmchen" aufgefressen wurde, weil sie sich zu tief in den dunklen Wald „verpflückt" hatte. Dieses rote Ärmchen aber pflückt noch heute ganz alleine in den Wäldern umher, immer auf der Suche nach den schönsten Blümchen.

Die Oma wartet immer noch auf ihren Rotwein und den Kuchen. Der „plärrfotzade" Giggerl vom Pollner-Bauern wurde inzwischen zu „Fastfutter" verarbeitet und liegt mir heute immer noch so schwer wie Wackersteine im Magen.

Und wer genügend Rotwein aus Rotkäppchens Körbchen trinkt und ebenfalls ganz tief in den Wald geht, dem gelingen vielleicht auch so seltene, märchenhafte Aufnahmen und Gedankengänge wie mir.

»So ein Wolf ist nicht so blöd wie wir Menschen, der frisst nicht einfach alles mir nix dir nix zamm!«

Hatschi Hustfisch

Wenn Fische husten wie noch nie,
dann leiden sie unter einer „Unterwasserpflanzenpollenallergie".

Direkteinspritzung

Beim Kaffeekränzchen es sehr spritzig zur Sache geht,
weil Tante Hilde auf Direktvermarktung steht.

Mich liest normalerweise keiner

Wer Blindtexte lesen und verstehen kann, ist klar im Vorteil!

Hallo, ich bin ein Platzhaltertext und ich halte vorübergehend den Platz hier frei, damit es nicht zu leer und weiß auf dieser Seite ist. Außerdem will ich auch mal wichtig sein und von anderen gelesen werden. Obwohl ich keine direkte Botschaft oder gar einen tieferen Sinn habe, fühle ich mich hier sehr wohl. Einige nennen mich auch Blindtext, aber ich persönlich finde das schon ein wenig beleidigend und fast schon diskriminierend. Ich bin doch nicht blind, nur weil ich den Platz freihalten muss!

Eigentlich wollte ich schon immer was Besseres sein und studieren, um dann später vielleicht in einem Drehbuch stehen zu dürfen. Ab und zu träume ich aber auch davon, dass ich ganz vorne auf der Titelseite einer Zeitung zu lesen bin oder als Lauftext mit einer sensationellen Newsbotschaft durch das TV-Bild sämtlicher Fernsehkanäle laufen darf.

Vielleicht braucht man aber auch nur Glück wie mein Cousinplatzhaltertext namens „Yes we can" aus Amerika. Der war früher auch so schüchtern und unauffällig wie ich. Heute kennt ihn jeder und er will die Welt verändern mit nur drei Worten. Oh Mann, was beneide ich meinen Cousin dafür. Wenn es eine Talentshow geben würde wie „DSDSP" (Deutschland sucht den Superplatzhaltertext), dann hätte ich bestimmt bessere Chancen, berühmt zu werden.

Ich will aber nicht jammern. Drei von meinen ehemaligen „Platzhaltertextfreunden" geht es viel schlechter als mir. Der eine steht jetzt völlig sinnlos als Gesetzestext in einer von den vielen EU-Richtlinien. Auf diese Weise wird er täglich von vielen Menschen gelesen, die daraufhin furchtbar genervt reagieren. Menschen, die eigentlich noch einen gesunden Menschenverstand besitzen und nun kopfschüttelnd „ungesunde" Gesetze und Verordnungen befolgen müssen. So unbeliebt möchte ich mich nicht machen, da bleibe ich doch lieber ein ganz einfacher Platzhaltertext ganz ohne Paragrapheninhalt.

Mein anderer Freund wurde als Fehlermeldung „Es ist ein völlig unbekanntes Problem aufgetreten" in ein Computerbetriebssystem eingebaut. Er bringt täglich Millionen Computer zum Abstürzen und Menschen zur Verzweiflung. Kurzum, er meldet Probleme, die die Menschen vorher gar nicht hatten und kannten.

Der Dritte meiner „Platzhaltertextfreunde" ist aber am ärmsten dran. Er wurde von der Werbung missbraucht und man hat ihn auf Toilettenpapier gedruckt. Auf all das, was er täglich sehen und mitmachen muss, möchte ich an dieser Stelle gar nicht näher eingehen.

Also bin ich jetzt einfach froh über das, was ich bin und wo ich bin, nämlich in diesem Buch hier von Hans Pollner.

So, nun habt Ihr viel lesen und erfahren können über das einfache Leben eines Textes, der nur Platzhalter ist und dennoch eine ganze Seite füllt. Ihr kennt meine Ängste, Nöte, Träume und meinen Cousin „Yes we can" aus Amerika. Aber den kennt eh schon jeder, oder?

Alles andere als blind getextete Grüße,
der kleine Platzhaltertext

Zickenalarm in Niederbayern

A wenn alle fest zammhelfn, schiam und ziang, dass se sogor de Baam verbiang,
dann guada Mo, denk dro, dass ma ned ois mit Gwoid erzwinga ko.

Nachgedacht mit Herz, Gefühl, Verstand und Humor

Des Wichtigste im Leben is …

… dass ma imma a gscheide Schneid hod.

Stumpf samma worn,
weil ma oiwei nur no bläd in Fernseher und Computer eineschaun
und ois, wos uns dort erzählt werd, a no glaum.

Stumpf samma worn,
weil ma grod no des depperte Geld, den Ruach im Hirn drinna ham
und bei jeder Gelegenheit am gsundn Menschenverstand sparn.

Stumpf samma worn,
weil ma jedn Dog 20 neie „Freind" im Internet „adden"
und im richtigen Leben so gern bloß oan richtigen hätten.

Stumpf samma worn,
weil ma vo oam Event zum nächstn miassn renna,
und uns vor lauter Fitsei fürn Fun nimma staad hoidn kenna.

Stumpf samma worn,
weil ma unsere Tradition, Dialekt und Kultur gega Plastik eitauschn
und auf der Überholspur jedem Trend und Kommerzbaaz nocherauschn.

Drum Leid, nehmts eichane „Wetzstoana" endlich wieda moi in d´Hand
und laafts bittschön a bissl „schneidiger" durchs Land.

I mechad

I mechad so gern auf an Berg steign und mit meine Händ de Wolken berührn.
Doch wia i dann oben war, hob i mia gwünscht, i hätt Flügl und kannt fliang.

I mechad so gern a Superstar sei, den jeder mog und kennt.
Doch wia i dann oana war, do war i mia selber fremd.

I mechad auffoin immer und überall, egal um welchen Preis.
Doch dann hams mi ogschaut und gsogt: „Jetz hör auf mit deim Schei..."

I mechad so gern vui mehra Freind hom ois bloß nur meine oanzign zwoa.
Doch vor lauter „Freind" war i auf amoi ganz alloa.

I mechad so gscheid sei wia alle Bücher und Computer auf dera Welt.
Doch je gscheida i worn bin, um so mehr Hirn hod ma gfehlt.

I mechad so vui Geld hom, dass i mia ois kaffa ko.
Doch vor lauter Geld hom do war i am End a armer Mo.

I mechad den ganzn Dog gstreichelt wern, umsorgt und berührt.
Doch vom nur no Streicheln hob i mi zum Schluss selba nimma gspürt.

I mechad so gern mei Rua hom und ois um mi herum ganz staad.
Doch wia es dann ghabt hob, do wars mia lädschad und faad.

I mechad de ganze Welt kenna und reisen ganz fern.
Doch wia i in da Nacht zum Himme nauf schau, do steh i ganz kloa vor de Stern.

I mechad gern sehng, wos de Zukunft uns bringt.
Doch wia es dann gsehng hob, hob i mia gwünscht, i war blind.

I mechad, dass koane „Mechads" nimma gibt,
weil ma dann ois vielleicht a bissl zufriedener siehgt.

Irgend so a Depp …

… rennt ma wia wild, oiwei bei de scheensten Fotomotive durchs Bild.

Irgend so a Depp schüttelt mia am Montag scho de Händ und wünscht ma a scheens Wochenend.

Irgend so a Depp fährt bei da schönsten Idylle genau dann vor meina Nosn Gülle.

Irgend so a Depp am Telefon erzählt mia imma: „Gratuliere komm(h)erzlich, Sie san wieda moi vo 1000001 Leid der auserwählte Hauptgewinna."

Irgend so a Depp ausm Neibaugebiet hod se beschwert, weil beim letztn Bauern, dens im Dorf no gibt, da Giggerl blärrt.

Irgend so a Depp zwingt mia ständig Werbung auf, obwohl i gar nix brauch und kauf.

Irgend so a Depp wui a amoi lustig sei, drum duad er jetz Comedy macha, weil de Leid heid über so ziemlich jedn Schmarrn kinna lacha.

Irgend so a Depp nur no mitm Auto fährt, aber genau dann blärrt, wenn vor seina eigena Haustür a neie Straß werd teert.

Irgend so a Depp duad se gor nimma genieren und wui vor lauter Ruach aufm Kirchadach a no Voltaikplattn montieren.

Irgend so a Depp behauptet, ma muass de bösen Biber fanga, de Hammeln beißn ois zamma.

Der gleiche Depp aber sogt: „De Drecksbirkn in seim Garten is a Grau, gebts ma a Motorsäg, den Baam schneid i sofort um, de Sau."

Irgend so a Depp is auf de Wahlplakate imma gscheida, bringt nochher aber gor nix weida.

Irgend so a Schnäppchendepp schreit: „De Gesetze muaß ma ändern, i mog am Sonntag a ois billig hom und durch Outlet und Lagerverkauf schlendern!"

Irgend so a Depp, der scho imma boarisch spricht, seine Kinda lehrt, Mundart is verkehrt. Hochdeutsch is vui gscheida, des bringt Eich im Leben weida.

Irgend so a Depp beim Radiosender oruaft und macht a riesen Gschieß, weil des Wetter zum Wochendende hin auf Regen umgeändert worn is.

Irgendwelche Deppen ham scho lang koa Hirn mehr, koa Herz, koa Gfui und a koan gsundn Menschenverstand, dafür hams de Hebel der Macht heid leider in da Hand.

»Irgendwelchen Deppn begegnet ma irgendwo imma und i sog Eich oans: „Des mit de Deppn werd oiwei no schlimma!"«

Die Brezenstudie

Breze is ned gleich Breze, do gibts große Unterschiede!

Freitags nach der Arbeit trinken der Sepp und ich zum Ausklang der Arbeitswoche gerne ein Haferl Kaffee. Dazu gibt es fast immer eine Butterbreze. Wir sitzen dabei im „Backstagebereich" einer Bäckerei und ratschen über wichtige und unwichtige Dinge oder schmieden Pläne für das Wochenende.

Während man da sitzt ist immer allerhand zu beobachten, was nebenan an der Verkaufstheke so alles passiert. Tja, und mir ist irgendwie aufgefallen, dass die Menschen viel „hoaglada" (eigener, wählerischer) ihre Brezen kaufen als vergleichsweise eine Wurst beim Metzger. Breze ist also nicht gleich Breze, da scheint es große Unterschiede zu geben.

Eine Frau verlangt eine Breze mit viel Salz. Wenig später kommt ein älterer Herr, der eine knatschig-weiche Breze wünscht, weil er diese besser beißen kann. Mal sind den Menschen die Brezen zu hell und mal sind sie zu dunkel, zu dünn oder dick oder ... Manche wollen Butter drauf, andere bekommen beim kleinsten Körnchen Salz eine Krise ...

Ich bin dann zu den Damen an die Ladentheke gegangen und habe sie gebeten, mal eine Woche lang die ausgefallensten und kuriosesten Brezenbestellungen für mich zu sammeln bzw. diese auf Papier niederzuschreiben und mir dann immer charakteristisch dafür so ein Sondermodell auf die Seite zu legen.

Als ich dann nach einer Woche wieder in die Bäckerei kam, wurde mir grinsend eine Tüte voller inzwischen hart gewordener Brezen und ein ganzes Blatt voller „Brezen-Sonderwunsch-Bestellungen" mit folgenden Worten übergeben: „Du werst as ned glauben Hans, aber heid war sogor oana do, der wollt a »verliebte Breze«, de ausschaut wia a Herzal."

Ich persönlich mag meine Breze am liebsten schön frisch und „resch" mit Laugengeschmack. Keine aufgetauten Brezenrohlinge aus dem Kühlfach und schon gleich gar nicht aus dem Supermarkt.

Ich höre gern ein freundliches und persönliches „Guten Morgen Herr Pollner, wos derfs denn heid sei?" beim Bäcker. Das klingt auch irgendwie ganz anders als eine Lautsprecherdurchsage: „Das Sixpack original bayerischer Laugenbrezeln ist heute im Angebot und kostet in Verbindung mit 5 Muffins nur 1,99 Euro."

So, und jetzt darf sich jeder seine Lieblingsbreze selber aussuchen oder weitere Sonderwünsche äußern, welche ich dann gerne in meine Brezenstudie aufnehme.

»Früher musste der Bäcker die hungrigen Menschen satt machen.

Heute muss der Bäcker die satten Menschen hungrig machen.«

Voll neben der Spur

Um eingefahrene Gewohnheiten überschreiten zu können,
muss man neben der Spur gehen.

Neben der Spur zu gehen ist viel unbequemer und mühsamer
als der Masse hinterherzurutschen.

Neben der Spur gibt es auch kein Start und kein Ziel,
dafür reichlich Freiraum, um seinen eigenen Weg zu gehen
und eigene Spuren zu hinterlassen.

Neben der Spur kann man Dinge sehen und entdecken,
die andere gar nicht mehr sehen können,
weil sie immer ihrer Spur und ihren eingefahrenen
Gewohnheiten treu bleiben müssen.

Neben der Spur gibt es auch keine Überholspur
und kein Tempolimit wie auf einer Autobahn.
Neben der Spur kommt man auf den Landstraßen und Feldwegen
des Lebens viel langsamer, dafür intensiver und echter voran.

Ich bin gern neben der Spur.

Ich wünsche Dir eine Haltestelle …

… wo und wann immer Du sie brauchst.

Ich wünsche Dir eine Haltestelle,
wenn Du nur im Schnellzug sitzt
und Dein Leben dabei ganz verschwitzt.

Ich wünsche Dir eine Haltestelle,
wenn Dich keiner mehr hält
und Du denkst, dass keine Freundschaft mehr zählt.

Ich wünsche Dir eine Haltestelle,
direkt auf dem Regenbogen.
Dort sind alle Sorgen weggeflogen.

Ich wünsche Dir eine Haltestelle
ganz am Ende der Welt,
dort, wo normalerweise kein Linienbus mehr hält.

Ich wünsche Dir eine Haltestelle,
die mit Dir schlafen geht
und jeden Morgen mit Dir aufsteht.

Ich wünsche Dir eine Haltestelle,
um einfach mal still zu stehn,
so vieles kann man dann erst sehn ...

... und verstehn.

Public Viewing

A „Cowboi" in front of the Kia steigert die Milchleistung, und wia!

Wos heid gmacht werd, oder sogt ma bessa „doing"
is nimma Fuaßboi oschaun, sondern „Public Viewing".

„The modern Farmer" stellt heid an „Cowboi" (Kuhball) vor seine Kia,
de gfrein se und gem so vui Muich wia no nia.

Du Hans, „by the way", wia isn eigentlich im Urlaub gwen,
mogst uns ned a kloans „Feedback" gem?

Aus jedem no so kloana Festl werd neierdings a „Event" gmacht,
schau, i hob an „Coffee to go" no mitbracht!

Dann sitz ma im Garten und dan „Roastbeef" grillen,
nochher no a bissl auf da „brand new" Liege „chillen".

Den Ausdruck: „NO GO" heid fast jeder Depp versteht,
des hoaßt nix anders wia: „Des geht hoid ned."

Oh mei, i konn den ganzn Wörterverhau fast scho nimma „handeln",
bittschön Leid, dads eicha Sprach ned so „verschändeln"!

Und i frog mi, wer hod unsere Hirne bloß so verrenkt,
dass jeder nur no „modern German" denkt?

Fotograf mit „Leiden"schaft

Learning by doing -
mein erstes Tutorial zum Thema „winterliche Landschaftsfotografie"

So ziemlich alles, was Du nicht kannst, aber gerne können würdest, wird Dir heute Schritt-für-Schritt in einem Tutorial erklärt. Ein Tutorial läuft normalerweise immer gleich ab und besteht vom Grundprinzip her aus zwei unterschiedlichen Hauptkomponenten: Dem „I konn des sauguad", welches belehrend einem „I bin do einfach no zu bläd dazua, mechad des aber a gern kinna" gegenübersteht. Lange Rede, kurzer Sinn: In einem Tutorial erklärt ein Experte oder „Schlaumeier" (auf bayerisch Gscheidhaferl) einem „Nicht-Experten" (auf bayerisch Haumtaucher) Schritt für Schritt, wie er was, wo zu machen hat, damit dieser sich am Ende auch wie ein „Experte" fühlt.

Täglich steigt weltweit die Anzahl der „Gscheidhaferl", die durch Tutorials in Zeitschriften, Magazinen und Internetforen zu „Experten" aus- und weitergebildet werden. Viele könnten heute beispielsweise keine Kartoffeln mehr schälen, ohne vorher ein „Kartoffelschältutorial" gelesen zu haben. In der Weihnachtszeit gibt es ein X-Mas-Special-Tutorial fürs Plätzchenbacken und Adventskranzbinden. Wie und wann Du die Radieschen richtig pflanzt, den Rasen fachgerecht mähst, Tomaten gießt, die Zimmer lüftest, Make-up ins Gesicht schmierst, ein Loch im Fahrradschlauch flickst, den Staubsaugerbeutel fachgerecht wechselst, ein Butterbrot schmierst, eine Brille putzt, Deine Kinder zu erziehen sind ... sagt Dir schon lange nicht mehr Dein gesunder Menschenverstand, sondern ein Experten-Tutorial.

In meinem ersten Tutorial möchte ich nun auch mal so ein „Gscheidhaferl" sein und Euch zeigen, wie man als Landschaftsfotograf schnell und spontan an winterliche Fotomotive herankommt. Hierzu zieht einfach Eure Schuhe aus und geht barfuß bei -8 ° C an einem Wintertag durch die Isar bei Vorderriß. Auf der anderen Uferseite dürft Ihr dann nicht an Eure kalten Füße denken, sondern genießt einfach die schöne Naturlandschaft, den Wintertag, das Leben. Denkt dabei nicht an Fußbodenheizungen, Heizkissen, Arbeitskollegen, die schon eine Krise bekommen, wenn man das Fenster mal für 3 Minuten öffnet, um frische Luft ins Büro zu lassen ... oder an Deine Kinder, denen Du so etwas im Winter niemals erlauben würdest.

Wenn Du das alles in Deinem Kopf ausgeblendet hast, dann mach Deine besten und härtesten Winterbilder. Pfeif auf die „Tutorialexperten", die leider nur noch mit Mausklicks virtuell den Winter und das Leben vor dem Bildschirm spüren. Dann geh wieder barfuß zurück durch den Fluss. Setze Dich zur Weiterfahrt auch barfuß ins Auto auf den Beifahrersitz. Sag dem Fahrer, er soll die Heizung so einstellen, dass sie Dir direkt auf Deine Füße bläst. Das ist dann die schönste Zeit: „Die Zeit des Erwachens".

Du wirst diesen Tag und dieses „Tutorial" nicht so schnell vergessen. Voller Dankbarkeit wirst Du dann auch die Erfindung der Fußheizung im Auto schätzen. Wenn Du diese Geschichte später den echten Experten erzählst und sie Dich dann kopfschüttelnd auslachen, dann sag einfach mit einem Grinsen im Gesicht:

„Mei, Ihr gspürts es hoid einfach nimma."

Memorystick

Nimm Da Zeit, mach des, wos Di wirklich gfreid.
Sitz Di amoi hi, gib a Rua und schau Da dabei zua.

Wenn nix pressiert, aber trotzdem ois funktioniert,
sei zufrieden, Du host Dei Ziel erreicht, des langt doch leicht.
Sei gscheid und gib ned oiwei no mehra Gas.
Du verlierst dabei sehr schnell Dein Spaß.

Wenn de Andern schwitzn, hirn- und planlos flitzn,
dann bleib doch einfach amoi sitzn.
Du sehgst und gspürst so vui mehra,
des is oft da beste Lehra.

Und wenn Du host gspannt,
dass Dir des Sitznbleim heid moi völlig langt,
dann war des doch sehr viel
und du host erreicht a großes Ziel.

De Schnellsten feiern sich dann ois Gwinner
und belächeln Dich gern ois Spinner.
Na guad, sie san schneller und a weida,
aber Du sitzt do und bist am End a wengerl gscheida.

Eine bärige Geschichte

Erzählt von meinem Bärenfreund, Beifahrer durch dick und dünn, Bodyguard, und Kopfkissenkompanion - dem Franz-Josef.

Vor vielen Jahren saß ich zusammen mit anderen Bärenkollegen in einem Kaufhaus vor der Kasse. Da ich keine Bärengeburtsurkunde habe und damals nur ein Preisschildchen mit dem Aufdruck 4,95 DM auf mir klebte, gingen viele davon aus, dass ich „nur“ ein Billigbär aus China sei.

Kurz vor der Kasse, da ist der Platz, wo man den Menschen Dinge andreht, die sie eigentlich gar nicht geplant hatten zu kaufen und meist auch gar nicht brauchen: Eiskratzer im Sommer, das 27. Paar Arbeitshandschuhe, „Luft-Duft-Erfrischer“ in Pfirsich-Maracuja, Frühstückseiköpfer, singende Kaffeetassen, Al-Dente-Nudeltimer ...

Die Menschen stehen da oft in einer Schlange und warten, bis sie bezahlen dürfen. Während meiner Zeit des „Vor-der-Kasse-Sitzens“ und Wartens, bis mich jemand kauft, ist mir aufgefallen, dass die Menschen ihre Laune und ihr Wohlbefinden meist von der Länge der Schlange, in der sie anstehen müssen, abhängig machen. Ist die Schlange kurz, dann sind die Menschen freundlich und sie lachen. Stehen Menschen jedoch in einer langen Schlange an, so sind sie unfreundlich, unzufrieden, drängeln und manche fangen sogar an zu streiten. Sie streiten dann im Prinzip um Zeit, die keiner mehr hat oder sich nehmen will. Ich glaube, die Menschen würden sich sogar noch um die Zeit streiten, wenn sie diese im Supermarkt kaufen könnten.

Wenn man als wartender Bär so rumsitzt, dann stellt man sich oft vor, wie er wohl aussehen könnte, der Mensch oder der Held, der dich mal kaufen wird für nur 4,95 DM. Meine größte Sorge und Angst war damals, dass ich nur als Sammelobjekt bei einem der vielen satten und verzogenen Wohlstandskindern im Spielzimmer landen könnte, womöglich auch noch zusammen mit so dürren, langbeinigen Plastikpuppen in einem rosa Puppenbettchen schlafen muss.

Ich wurde dann irgendwann von einem 1,94 m großen niederbayerischen Indianer gekauft, der wartend in der Schlange vor der Kasse stand und mich mit seinen grünen Augen bis über beide Ohren angrinste. Es ging dann alles sehr schnell: Der Hans setzte mich kurz vor der Kasse auf ein Band und ich rollte zwischen Joghurtbechern, Toilettenpapier, Bananen und drei Dosen Mandarinen unweigerlich auf die dicke Frau hinter der Kasse zu. Diese packte mich dann ganz grob, verblitzte mir mit einem „Scannerpiep“ die Augen und schleuderte mich lieblos nach hinten gegen die kurz vorher ebenfalls lieblos nach hinten geschleuderten Bananen.

Der Hans schleuderte dann wiederum die Bananen, das Klopapier, die Joghurtbecher, die Mandarinendosen und noch ein paar andere Dinge in seinen Einkaufswagen. Mich aber setzte er liebevoll in den Sitz seines Einkaufswagens. Dahin, wo normalerweise die Mütter ihre Kinder beim Einkaufen setzten. Wir fuhren dann raus zum Parkplatz und ich durfte ohne Angurten oben auf dem Armaturenbrett sitzen. Hans meinte: „Schau, da siehst Du wenigstens was von der Welt und nicht nur so grantige Menschen im Kaufhaus.“

Ich bin sehr froh, dass mich der Hans damals gekauft hat und ich nicht nur in einem Kinderzimmer sitzen muss. Er nimmt mich oft mit bei seinen Unternehmungen. Wir sind dicke Freunde geworden. Hans sieht mich als Partner, Beifahrer, Psychiater, Bodyguard, Kopfkissenkompanion ... Er hat mich auf den Namen Franz-Josef getauft. Alle „anständigen" Bären in Bayern heißen so hat er mir erklärt. Bruno, Knut, Flocke ... so kann jeder heißen.

Wir waren schon im Land der Bären, in Kanada. Dort haben wir mit einem Schneemenschen und echten Bären, die nicht aus China sind, Bekanntschaft gemacht. Im Sommer liegen wir gern auf Kiesbänken, grillen, faulenzen und lassen uns die Sonne auf den Pelz scheinen. Ich werde da oft mit Bärenfett eingeschmiert, damit ich keinen Bärenfellbrand von der Sonne bekomme.

Der Hans hat auch einen Freund, der heißt Albert. Und der Albert hat eine Frau, die heißt Beatrix. Und die Beatrix hat wiederum viele solcher Plüschbären wie ich einer bin. Unter anderem gibt es da auch ein besonders hübsches Bärenweibchen namens Josefine Bärenbacher.

Als Josefine und ich in der heißesten Phase unserer Bärenpubertät waren, wurden wir mal in flagranti auf der Couch in einer bärig schönen Situation ertappt und fotografiert. Seit dieser Zeit darf ich nicht mehr zu Josefine. Ich glaube, der Albert hat Angst, dass es auf diese Art und Weise zu einer unkontrollierten Bärenplage in seinem Haushalt kommen könnte.

Einmal hat der Hans nicht richtig auf mich aufgepasst, und so wäre ich beinahe abgefackelt. Beim Umzug wurde ich gedankenlos auf eine Lampe gesetzt. Als dann in den Abendstunden das Licht angemacht wurde, brannte die Glühbirne ein Loch in meinen schönen Pulli. Leicht angebranntes Bärenfell verbreitete einen üblen Geruch. Und so wurde ich schließlich aus meiner „brennzlichen" Situation gerettet, noch bevor mein Bauchfell komplett durchbrannte. Ein lieber Mensch hat mir dann einen neuen Pulli gestrickt und für die kalte Jahreszeit bekam ich bei dieser Gelegenheit gleich eine passende Mütze inkl. Schal dazu.

Ich bin froh, dass ich den Hans hab und hoffe, dass wir beide noch viele Jahre lang schöne, bärige Zeiten gemeinsam verbringen können. Da sehe ich wenigstens was von der Welt und nicht nur so grantige Menschen im Kaufhaus, die für nichts mehr Zeit haben ...

»Mit einem Bärenfreund an Deiner Seite sucht alles Böse schnell das Weite.

Als lieber Bengel, Schutzengel, großer Bruder, Beifahrer durch dick und dünn ist alles Schlimme halb so schlimm.

So ein kleiner Bär ist selten mal genervt und er hat schon so manche "Spießigkeitsbombe" auf seine Art entschärft.

Und ganz nebendrein beschützt er mich vorm Zu-sehr-Erwachsensein.«

A rote Woikn

Ma muaß ned unbedingt zum Himme fliang, um a Woikn zu berührn.
De spiagelt se a in am See, in dem i grod barfuaß steh.

Zäune sind menschlich

Ein Zaun hat immer zwei Seiten:
Eine, die Dich beschützt und eine, die Dir die Freiheit nimmt.

Der Mensch baut gerne Zäune,
um zu zeigen, das ist MEINS
und erst ab da hier ist es DEINS.

Er sperrt die lieben Tiere damit ein,
so dass sie nicht in großen Haufen
zum Nachbarn rüber laufen.

Der Karl hat einen Zaun,
weil er tut nur sich selber traun,
und außerdem könnt dann ein jeder seine
Äpfel klaun.

Ein Mensch, der verdienen will viel Geld,
auch gern einen Zaun aufstellt.
Und nach der Kasse sieht man dann,
was Mensch so Besonderes ist und kann.

So mancher Mensch ist schlauer
und baut sich lieber eine Mauer.
Hier kommt dann keiner rein
und stört seine Ruhe beim Alleinesein.

Und im Fernsehen schaut er dann
voller Sehnsucht Filme an,
und wundert sich, weil der Zigarettenwerbemann
auch ohne Zäune reiten kann.

Manchmoi, do frog i mi ...

... ob da Mensch ned doch vielleicht vo de Hehna obstamma kannt?

Ois kloane Kinda samma oiwei wieda gern am Zaun vom Hehnagartn gstandn, ham glacht und gschmatzt und nebenbei de Hehna tratzt.

Mia ham genau gwusst wos werd passiern, wenn a paar oide Brotrestl oder Salatblaadl zu de Hehna rüber fliang.

So wia Hehna nun mal sind, kemmans dann automatisch wia da Blitz daher ganz gschwind.

Ma kannt song, wia „ferngsteuert" oder „I kriag mein Hois ned voi", sausens ausm hinterstn Eck vo eanam Hehnastoi.

Dann gackerns wia wuid um jede Kloanigkeit. Es gibt a mordsdrum Gaudi und an Riesenstreit.

Obwohls eigentlich eh scho vollgfressn san und ois ham wos eana Hehnaherz begehrt, werd a Gschieß gmacht, gegackert und geblärrt.

Uns Kinda war des damals aber wurst, Hauptsach, mia ham unsern Spaß ghabt mit de Hehna, des war für uns des Allerscheena.

Ganz nebenbei hod ma wos glernt fürs Leben. Es muass manchmoi nur a Kloanigkeit geben, damits so richtig staubt und raucht und oana den andern recht bäs ofaucht.

Irgendwie hod des Hehnavolk im Lauf der Zeit a nix dazuaglernt. Denn wenn meine Kinda heid Salatblaadl oder Brotrestl schmeißen, dann gibts bei de Hehna oiwei no denselben Streit.

Tja, so steh i imma no do wia ois kloana Bua und schau dem Treiben vo de Hehna und jetz a no vo meine Kinda zua. Und so hob i heid glei doppelt mei Freid.

Manche wern jetz schmunzeln oder aber a de Stirn recht runzeln. Wos hod de ganze Hehnagaudi nun mit uns Menschen wohl zu tun?

Ganz einfach. Schauts Eich de moderna „Hehna" o, wias streiten, gackern und se beim Schlussverkauf durch Wühltische ackern.

De Werbung braucht grod a paar Brotbrösl ausstrahn und scho steht um simme in da Fria beim Discounter a lange Schlang „Hehna" vor da Tür.

Zu de „Salatblaadl" sogt ma heid Outlet oder Lagerverkauf. Do fahrn manche „Hehna" zum SALE extra vo Passau bis noch Nürnberg rauf und gackern: „I kauf, I kauf, I kauf!"

Auch an „3-Cent-billiger-Tankstellen" se Hühner gern bekriegen und man sehgt zwischen de Zapfsäulen scho moi de Federn fliegen.

A Adler, der am Himme oben fliagt und kreist, der denkt se jedoch meist: „Wia kurzsichtig doch de Hehna do unten san, de pickn ois und oiwei bloß des, wos genau vor eanam Schnobe liegt, zamm."

De Sonn scheint, da Wind waht, dem Adler sei Adlerleben grod so richtig daugt und er heid liaba de kloana Mäus unt auf da Wiesn beim Spuin zuaschaut.

Dann fliagt er, weils gor so schee is, einfach weida - Adler fressn ned imma ois, Adler san irgendwie gscheida.

Zwischen den Zeilen ...

Alles, was am Licht leben will,
findet den Weg dafür.

Leichter leben

Leichter leben heißt,
im Frühjahr seinen Wintermantel auszuziehen.

Zuagstopselt, ...

... damit ma koan Vogl ned kriagt.

I sitz gmiatlich im Biergarten, schau noch oben und i glaab, i draam,
wos hängtn do am Stamm vom Kastanienbaam?

Des is doch a Voglnistkasten und i sinnier,
warum do woi zuagstopselt is de Eingangstür.

Unten geht a Schlauch no raus,
und i denk mia, des is für d´Vogerl a Toilettenhaus.

Kurz drauf kimmt mia in den Sinn,
vielleicht hockt do jetz grod des Frau Meiserl drin.

Und weils beim Bruatn koa Zugluft ned braucha ko,
is hoid vorn zum Schutz a Stopsl dro.

Vo unten durchn Schlauch werd Fernwärme eingespeist.
Logisch: Damits de Eier beim Ausbruatn a bissl schnella zreisst.

Mehra is mia zu dem Thema nimma eigfoin
und so sog i zur Bedienung: „Bittschön, i mecht zoin."

Sie kimmt mit so a neimoderna Elektrokasse in da Hand zu mia,
sogt: „Herr Pollner, des war a Wurstsalat und zwoa Bier."

Damit i de Welt wieder versteh und ned blääd zu Bette geh,
sog i nochm Zoin zu ihr, worüber i de ganze Zeit sinnier.

Sie lacht mi o und sogt: „Mei, hams des wirklich ned gecheckt,
do hod da Wirt des „WLAN-Funkkastl" vo meina Elektrokasse drin versteckt."

Freiheit

Gewohntes gibt Halt und Sicherheit,
Losgelassenes gibt Freiheit.

Bayerischer Hörtest

Glück kann man hören. Glück hat zwei Zylinder und einen satten „Bums". Glück kommt aus Bayern und lässt Dich niemals im Stich.

Der 3/4-Baum

Du bist Du so wie Du bist
mit all Deinen Stärken, Fehlern und Schwächen.

Es war einmal ein ganz normaler Baum. Er hatte ganz normale Wurzeln und einen ganz normalen Stamm mit einer ganz normalen Baumkrone oben drauf.

Der Baum hatte sich einen wirklich schönen Platz ausgesucht. Er stand alleine ganz oben auf einem Hügel und konnte das tun, was Bäume gern machen: Nach oben in den Himmel wachsen und die Äste und Blätter schön ausgestreckt in den Wind halten.

Manchmal schaute er zu seinen Kollegen rüber, die in ca. 200 Meter Entfernung schön brav nebeneinander als Wald zusammenstanden.

Dann stellte er sich vor, wie das wohl so sein mag als Waldbaum, wenn immer einer neben einem steht, seine Äste an Dir reibt, Dir das Sonnenlicht und vor allem die schöne Aussicht nimmt. Nein, ein Waldbaum möchte ich nicht sein, dachte er sich und schüttelte zufrieden seine Äste.

Dann erst das viele Gerede und Gejammere, das aus dem Wald zu hören war. Es klang ab und zu bis zu ihm herüber. Die großen alten Eichen wollten immer alles besser wissen, das Licht, den Platz und am liebsten den ganzen Wald für sich alleine haben. Die Birken wurden beschimpft, weil sie im Herbst so viel Dreck machen. Oft wurden sie von den andern Bäumen gehänselt, weil ihre Rinde so aussieht wie die Haut der Zebras. Die Fichten machten sich ständig in die Hose und hatten Angst, dass der Borkenkäfer sie über kurz oder lang zu Brennholz machen könnte.

Eines Tages zogen dann dunkle Wolken am Himmel auf und eine Gewitterfront kam mit Sturmwind, Blitz und Donner daher. Den Waldbäumen machte das weniger aus. Sie standen als Gruppe dicht zusammen und hatten somit kaum etwas zu befürchten.

Der einzelne Baum oben am Hügel stand jedoch schutzlos und ganz alleine da. Ein großer Blitz kam daher, fuhr ihm in sein Astwerk und riss dabei ein Viertel seiner Baumkrone weg.

Als das Gewitter vorüber war, lachte der ganze Wald über den 3/4-Baum oben am Hügel, der nun schrecklich zerrupft und komisch in der Landschaft stand. Die alten Eichen spotteten und riefen: „He, Du häßlicher 3/4-Baum, Dich wird man bald zu Hackschnitzel haun!"

Der 3/4-Baum war sehr traurig und schämte sich für sein Äußeres. Bald kamen die ersten Spaziergänger vorbei und staunten über die besondere Form seiner Baumkrone. Immer mehr Menschen blieben stehen und bewunderten sein einzigartiges Aussehen. Das schmeichelte dem 3/4-Baum. Von diesem Tag an war er auch nicht mehr traurig, weil er erkannt hatte, dass es sein Schicksal war, anders zu sein - anders als alle Anderen.

Und er war sehr stolz auf das, was er ist und wie er ist: Ein besonderer Baum, zwar nicht perfekt, aber dafür ganz er selbst.

Und zum Glück weit weg vom Wald.

Phantasie

Wer auf große Bäume klettern will, braucht keine Leiter, sondern große Phantasie.

Vom Heiraten, der Ehe und von der schönen Zeit, als Bayern noch das Paradies war

Die Instrumente der Ehe …

… können sehr unterschiedliche Tonlagen haben.

Im Garten is des Gras fast so hoch wia da Apfebaam.
Werd Zeit, dass Du den Rasen duast moi wieda mahn!

Mei, schaun de Scheim vo da Duschkabine aus!
Host wieda ned nochegwischt beim Duschen, so a Graus!

Kreist eigentlich no wos anders außer Fuaßboi um Dei Kopfumlaufbahn?
I mechad so gern mit Dir amoi zum Wellnessn fahrn!

Oh Mann, Du gehst mia so aufn Geist,
weil Du oiwei Deine Socken ois Knödl in de Wäsch neischmeißt!

Mit dem Essen fertig, dann schnell auf und davo,
in meim nächsten Leben, do werd i a Mo.

Schau, dass De beim Bieseln schee brav hisitzt
und ned wia in da Feierwehrübung umanandspritzt.

Jetz is der Kasten Bier scho wieda leer!
Sog moi, trinkst Du gor koa Wasser mehr?

Wia ma bloß so laut schnarcha ko.
Manchmoi denk i mia, i hob an Bärn ois Mo.

I glaub fast, mei Mo is blind,
weil er de Öffnung vom Gschirrspüler nimma findt.

Jetz sog hoid a amoi wos dazua und trödl ned oiwei umanand!
Ma kannt fast moana, i hob a Tuba und Du bloß a kloans „Trompeterl" in da Hand!

Kurz nach der Hochzeit ...

... nahm seine Frau immer öfter den Besen in die Hand.

Kurz nach der goldenen Hochzeit …

… hatte es oft „geraucht“
und es waren schon viele Besen verbraucht.

Die Schnäppchenjägerin

Jetzt geht nicht mehr zu das Heckkläppchen,
was soll´s, für nur € 1,99 auf jeden Fall ein Schnäppchen.

Generalprobe

„Schatz, alles was Du sagen musst, steht ganz oben auf dem Zettel. Ich habe es Dir schon vorab aufgeschrieben."

Der bayerische Sündenfall

Wie es damals wirklich war im Paradies und warum der liebe Gott heute leider Muffins essen muss, obwohl er viel lieber Zwetschgendatschi mag.

Ganz am Anfang von allem war das Paradies - heute sagt man Bayern dazu.

Der liebe Gott hatte alles, was man zum Leben und Glücklichsein braucht, in nur einer Woche erschaffen: Den Chiemsee, die Berge, den Viktualienmarkt, Wirtshäuser, die Haubentaucher, die Wildschweine, den Rehbock, die Pollner-Milch, bayerisches Bier, Brezen, Weißwürste, Schnupftabak, Knödel, Schweinebraten, Radi ...

Am siebten und letzten Tag erschuf Gott aber das Wichtigste von allem: Die Zwetschgenbäume. Gott liebte diese kleinen, paradiesisch blauen Früchte und seine Engel waren immerfort damit beschäftigt, für ihn Zwetschgendatschi und Zwetschgenmaultaschen zu backen. Eine wahrhaft göttliche Speise, die er sich nach so viel Welterschaffen gar redlich verdient hatte. Dann sah er auf sein schönes Bayernparadies hinab und dachte für sich: „Da fehlt noch was, etwas oder jemand, der sich richtig erfreuen kann an den vielen schönen Dingen, die ich erschaffen habe." Und so formte Gott aus frischem Brezenteig den Adam und weil noch ein bisschen Teig über war, so „baazte" er daraus eine Eva, damit es dem Adam nicht so langweilig wird im Paradies.

Als Adam und Eva fertig geformt waren, streute er noch Brezensalz drüber und dann hauchte er den beiden Leben ein, indem er dem Adam eine frische Maß Bier über den Kopf schüttete und der Eva einen Liter Goaßmilch. Anschließend gab Gott dem Adam eine Lederhosn und der Eva ein fesches Dirndl zum Anziehen für die Werktage. Für Sonn- und Feiertage gab Gott dem Adam einen schwarzen Anzug mit und die Eva bekam wegen ihrer damaligen noch vorhandenen Unschuld ein schönes weißes Kleid. Dann sprach Gott: „Jetz schleichts Eich und machts es Eich gmiatlich im Paradies, essts Schweinsbraten und trinkts Bier so vui wias wollts, aber laßts bloß de Finga weg vo meine Zwetschgenbaam, de san heilig und nur für mi!"

Dann lehnte sich Gott zurück, steckte sich genüsslich ein Stück Zwetschgendatschi in den Mund und sah zu, wie Adam und Eva glücklich und lebensfroh durchs bayerische Paradies hüpften. Gott war sehr zufrieden mit seinem Schaffen.

Adam und Eva fehlte es an nichts. Sie „strawanzten" freudig durch das Paradies, lagen auf Isarkiesbänken herum, badeten im Staffelsee, und wenn der liebe Gott schlief, dann schlich sich der Adam gern heimlich mit einer Holzleiter zum Kammerfensterln an Evas Hütterl.

Der Frühling und der Sommer vergingen und dann kam auch der Herbst ins Paradies. Die bayerischen Obstbäume waren schwer beladen mit Äpfel, Birnen, Nüssen ... und auch Zwetschgen. Die Engel flogen von Zwetschgenbaum zu Zwetschgenbaum und sammelten diese leckere göttliche Frucht, und der liebe Gott bekam siebenmal in der Woche Zwetschgenmaultaschen serviert.

Eines herbstlichen Sonntags geschah es dann:

Im Paradies gab es ein noch nie da gewesenes „Gschieß". Adam wollte kurz vor dem 12-Uhr-Läuten noch Weißwürste essen, aber die Eva sagte: „Mensch Adam, schau Da de scheena Zwetschgen da oben am Baam o, i hob so a Lust drauf und konn de Weißwürst scho nimma sehn." Darauf der Adam: „Spinnst Du Eva, da Chef hod gsogt, des geht uns nix o, dann iss Du hoid einfach an Apfekuacha, oder an Radi mit Butterbrezn, oder an Wurstsalat, oder … aber lass bloß deine Griffen weg vo de Zwetschgen!"

Da der Eva als erster Frau die „Urneugierde", die „Urzickigkeit" und das weibliche „Um-den-Fingerwickel-Gen" praktisch angeboren war, so sprach sie zu dem Adam: „A geh Adam, scheiß Da nix, dann feid Da nix, jetz hilf mia endlich und heb mi do a bissl rauf, damit i bessa zu de scheena Zwetschgen kimm. Der liebe Gott hod se eh scho hinglegt zum Mittagsschlaf und kriagt von der ganzen Sach gor nix mit!"

Der Adam wollte kein „Gschieß" haben und gab schließlich nach. Er dachte: „So a hantige und grantige Eva is am End womöglich schlimma wia da liabe Gott, wenn er moi sauer is." Außerdem hatte er das Anheben der Eva auf den Zwetschgenbaum sehr genossen, weil er dabei einen tiefen und direkten Einblick in die weibliche Fülle seiner Eva gewinnen konnte. Umherfliegende Engel haben dieses verbotene Tun jedoch beobachtet, und weil Engel im Normalfall auch weiblich sind und somit rechte „Pritschhaferl" (Petzen), so sind diese gleich zum lieben Gott geflogen, haben ihn aufgeweckt von seinem Nickerchen und ihm voller Aufregung erzählt: „Du Chef, im Paradies, oder bessa gsogt, in de Zwetschgen is grod ganz sakrisch da Wurm drin." Der liebe Gott war daraufhin so grantig auf Adam und Eva wie noch nie zuvor. Kurzum, es wurde richtig ungemütlich im Paradies. Gott ließ sogleich die Grenzen zu dem bei weitem weniger paradiesischen preußischen Nachbarland öffnen. Die Folgen waren verheerend für das bayerische Paradies: Weißwürste wurden mit Ketchup verspeist und dazu preußisches Bier getrunken. Aus Erdäpfeln wurden Pommes gemacht und Chips.

Es wurden Gesetze und Verordnungen eingeführt, die es vorher gar nicht gab und brauchte. Das Rauchen in Wirtshäusern wurde verboten, das Reinheitsgebot wurde eingeführt, die Grill- und Rasenmähverordnungen ... Aus Dirndl wurde Landhaus, aus „Pfia Di" wurde „Tschüßi", aus Kramerläden wurde Outlet und Lagerverkauf, aus Erntedank wurde Halloween, das Christkind wurde zum Weihnachtsmann, die Goaß zur Ziege, das Oktoberfest zum Ballermann, der Sonntag wurde verkaufsoffen und „gfensterlt" wird heute interaktiv im Internet ... Jetzt „hamma den Dreck im Schachterl" und das alles nur, weil sich die Eva nicht zammreißen hat können.

Der liebe Gott muss heute wieder Muffins essen, dabei mag er doch viel lieber Zwetschgendatschi.

Den Kindern zugeschaut

Lausbuama

A Leben ohne Lausbuama wäre so faad wia a Suppn ohne Salz.

Den Sommer spürt ...

... nur, wer ihn auch berührt.

Nix dauert länger als Warten

Und nix is schlimmer, aber a scheena als Warten.

Zur Zeit wartet sie auf ihren Geburtstag,
weil sie dann mehr Jahre alt wird als Finger an einer Hand sind.

Wenn Mama Knödel mit Soße macht, dann sitzt sie als Erste am Tisch
und ruft: „I hob so an Hunga, wann gibts endlich wos zu essen?“

Sie kann es kaum erwarten, bis die Kindergartenzeit endlich vorbei ist,
weil sie dann zu den großen Schulmädchen gehört.

Wenn wir mit dem Auto nach Österreich in den Urlaub fahren,
dann sagt sie schon nach 20 Kilometern:
„Samma scho do, wia lang dauert des no, Papa?“

Sie wartet freudig auf das Christkind und auf den Osterhasen,
an den sie immer noch glaubt.

*»Wer auf nichts mehr warten kann,
der wird sich auch auf nichts mehr
freuen können.«*

1 Lausbua und 29 kleine Gründe, ...

... warum die Mama heute vielleicht noch sauer sein könnte.

Don´t call me Hosenscheißer!

Born to be child, cool and wild!

Aus dem Geschäftsleben ...

... einer niederbayerischen Kleinunternehmerin

Es ist ihr egal, ob die Aktien „crashen“ oder nicht.
Ihr Freund, der kleine Plüschtier-“Dax“ schließt
jeden Abend mit ihr die Augen und Tagesgeschäfte -
und das bei über 1000001 Glückspunkten.

Über ein Outsourcing ihres Kleinunternehmens
in die Nachbargemeinde denkt sie gar nicht erst nach.
Außerdem mag sie den Bürgermeister dort nicht,
der schaute auf den Wahlplakaten schon so komisch.

Asiatische Märkte erforscht sie am liebsten mit Papa.
Der Fokus liegt dabei eindeutig bei den Frühlingsrollen.
Zwei Plastikdinosaurier, eine leere Erdnussdose und ein
gelber Ford Mustang wären übrigens grad im Angebot.

Sie ist heute und jetzt der „Global Player“ in der kleinen
Wohnsiedlung am Stadtrand.

Lightroom

Wer das Licht sehen mag, der erlebt die vielen kleinen Wunder dieser Welt.

Eine Spürnase

Manch einer hat sie, manch einer nicht.

Du Papa, wie erklären wir das Mama?

Ganz einfach, mia song, dass Kinda, de mit Dreck in Berührung kemman, vui weniger Probleme mit Allergien ham.

Bauer Pümpel und die Maulwürfe

Bauer Pümpel und die Maulwürfe

Ein Leben ohne Maulwürfe wäre schön, aber sinnlos.

Am Anfang meiner Straße, da wohnt Bauer Pümpel. Er hat jede Menge Tiere: Kühe, Schweine, Hühner, Schafe und seit kurzem auch 1001 oder noch mehr Maulwurfshügel in seiner großen Wiese.

Bauer Pümpel sagt, Maulwürfe sind noch schlimmer als dieser Wahnsinn, den die Rinder bekommen können, oder der Wahnsinn, den seine Frau immer überfällt, wenn er mal wieder zu lange und intensiv beim Wirt war. Und er meint, wenn es so weitergeht, dann werde er auch noch wahnsinnig, weil diese kleinen schwarzen Monster seine Wiese gnadenlos umackern. Und das alles ausgerechnet jetzt, wo doch der Gemeinderat endlich den Bau des neuen Golfplatzes auf seinem Grund und Boden genehmigt hat. Ausgerechnet jetzt verbreitet sich dort ein unter- und überirdisches Chaos.

Aus diesem Grund hat Bauer Pümpel nun ein neues Feindbild: Die KILLERMAULWÜRFE, eine tickende und alles untergrabende Zeitbombe! Bauer Pümpel lässt sich das nicht länger gefallen - er reagiert.

Seit heute nachmittag 15 Uhr schießt bzw. „pümpelt" Bauer Pümpel gnadenlos zurück!

Bauer Pümpel und das „fiese Fis"

Ich werd mich vor diese Haufen hocken
und sie aus ihrer Röhre locken!

Wochenlang ist Bauer Pümpel nun schon unterwegs, um auf seiner ursprünglich geplanten Golfplatzwiese gegen die im Untergrund lebenden Maulwürfe und Wühlmäuse anzukämpfen bzw. anzupümpeln.

Erschöpft und frustriert vom vielen Pümpeln, vom ewigen Auf und Ab schmerzt sein Rücken. Bauer Pümpel spürt jede Bandscheibe und fühlt sich schlapp und ausgepümpelt.

Die grabende und wühlende Untergrundarmee scheint dies jedoch nicht zu stören und so „wachsen" Tag für Tag neue, frische Erdhügel wie Pilze aus seiner schönen Golfplatzwiese.

„Morgen lass ich sie nach meiner Pfeife tanzen!" sagte Bauer Pümpel eines Abends freudig zu seiner Frau. Sie stand gerade in der Küche und spießte frische Maulwurfschaschliks auf, während Bauer Pümpel in seinem Lieblingsbuch „Märchen aus tausendundein Bauer lacht" blätterte und darin auf Seite 666 einen alten orientalischen Bauerntrick entdeckte, welcher all seine Probleme zu lösen versprach.

„Mit Hilfe einer speziellen „Pümpelflöte", welche als einziges Musikinstrument auf der ganzen Welt in der Lage ist, ein fieses „FIS" zu erzeugen, werde ich die Partisanen mit meinen magischen und hypnotischen Fähigkeiten förmlich aus der Erde ziehen", sagte er freudestrahlend zu seiner Frau.

Um möglichst authentisch auszusehen, bastelte er sich gleich am anderen Morgen einen Turban aus einem alten Kartoffelsack, schnappte sich einen Baseballschläger und setzte sich mit seiner Pümpelflöte auf einen kleinen Teppich, um sogleich die fiesesten „FIS-Töne" aller Zeiten erklingen zu lassen.

Pümpel Harder III *(Judgement Day)*

Es kann nur einen geben:
Hasta la vista, Baby!

Bauer Pümpel ist erneut zutiefst frustriert. Leider ist auch sein letzter Plan gescheitert. Die im Untergrund lebende Wühlmaus- und Maulwurffraktion ließ sich auch durch die noch so fiesesten „FIS-Töne" aus seiner Pümpelflöte nicht von der Golfplatzwiese vertreiben.

Langsam, aber sicher läuft Bauer Pümpel die Zeit davon. Es wurden bereits Verträge unterschrieben für die ersten Pümpelhausener World-Golf-Championships.

„Pümpel-Maulwurf-Unglück-nimm-ein-Ende-Halleluja, bis zum Sommer muss der Golfplatz fertig sein. Koste es, was es wolle!" sagte Bauer Pümpel eines Abends verärgert zu seiner Frau.

„Heute schieße ich sie in die ewigen Jagdgründe!", sprach Bauer Pümpel am nächsten Morgen, während er sich mit frischer „Maulwurfshügelerde" seine Kriegsbemalung ins Gesicht schmierte.

Ein besonderes Faible für Actionfilme hatte er schon immer und er dachte so still und leise für sich: „Was dieser Willi Bruce in Amerika kann, das kann ich hier bei mir in Pümpelhausen schon lange."

Es war an einem Freitag, dem 13., als Bauer Pümpel entschlossen und siegessicher die Operation „Pümpelstorm" startete, um damit ein für allemal für Recht und Ordnung auf seiner Golfplatzwiese zu sorgen.

Schwer bewaffnet mit 1001 Pümpeln und einer zur Pümpelgun umgebauten Wasserpistole seines kleinen Sohnes mutierte er an diesem Tag zum eiskalten „Maulwurf-Terminator".

Leise rieselt der Glühwein

Es ist Weihnachtszeit, die Bethlehemralley und die globale Klimaerwärmung sind voll im Gange und bescheren uns auch dieses Jahr wieder ein grünes und mildes Weihnachtsfest.

Bauer Pümpel hatte in diesem Jahr viel modernisiert auf seinem Hof. Aus seinem Holzofen ist eine Pelletheizung geworden. Auf dem Stall und der Scheune funkelt heller und schöner als jeder Weihnachtsstern die neue Photovoltaikanlage weit übers Land. Der alte Kuhstall inkl. Rübenkeller und Jauchegrube wurden zum „Anti-Aging-Wellnesscenter" umgebaut. Den Kindern hat der Nikolaus nun endlich ein neues Handy mit eingebauter 21-Megapixel-Kamera, Bildstabilisator, GPS und dazu eine Handy-Flatrate gebracht. Und wenn dann erst das Christkind kommt, dann ...

Trotz der vielen Neuerungen und „Verbesserungen" ist Bauer Pümpel aber immer noch nicht glücklich und zufrieden. Denn während sich gerade jetzt zur „stillen" Weihnachtszeit die Menschenmassen durch Kaufhäuser und Fußgängerzonen schieben, wuseln sich im „Bauer-Pümpel-Land" ganze Maulwurfsarmeen durch den matschig weichen, nicht gefrorenen Untergrund und verwandeln Bauer Pümpels Golfplatzwiese zu einer „humusteranen" Hügellandschaft.

„Früher hat es so was nicht gegeben" sagte Opa Pümpel. „Als ich noch jung war, da hatten wir knackige 25 Grad minus um diese Jahrszeit und die Maulwürfe mussten sich 44 Meter tief in die Erde graben, um nicht zu erfrieren. Ja, und an manchen extrem kalten Tagen schütteten wir uns sogar heißen Glühwein in die Winterstiefel, damit uns unsere Zehen nicht vor Kälte abfielen" erklärte Opa Pümpel seinen Enkelkindern.

Auch Bauer Pümpel hörte zu und bei den Worten: „Heißen Glühwein schütten ..." fasste er kurzerhand einen Entschluss und sagte: „Wenn ich meine Feinde, die Maulwürfe, schon nicht besiegen kann, dann mache ich sie mir eben zum Freund. Wenigstens vorübergehend zu Weihnachten, dem Fest der Liebe, der Freude und des Schenkens will ich auch einmal ein Herz, einen Pümpel und jede Menge Glühwein für Maulwürfe haben." Und so zog Bauer Pümpel einen mit Glühwein vollbeladenen Schlitten in die grüne Winterlandschaft hinaus. Auf der Maulwurfswiese angekommen, fing er sogleich an, Glühwein für seine Maulwürfe über dem Gaskocher zu erhitzen. Durch einen Pümpel, den er zu einem Trichter umfunktioniert hatte, schöpfte er nun flaschenweise Glühwein in die „Maulwurfskanalisation" hinein. Und jeder zehnte Schöpfer wanderte in seine eigene Gurgel hinunter. Es war das erste Mal in der Geschichte der Menschheit, in der Maulwürfe mit Glühwein und somit auch mit Alkohol in Berührung kamen. Schon noch kurzer Zeit „blubberten und spritzten" Maulwürfe und Glühwein freudig aus ihren Maulwurfshügeln heraus. Mit anderen Worten, dies hier war die erste wirkliche „Ü30-Promille-Party" auf der Welt.

Nach einer Stunde hüllte eine wohlig duftende „Glühweindunstglocke" die komplette Wiese ein. Aus allen Ecken hörte man betrunkene Maulwürfe: „Hick, hick, hick ..." Ja, sogar ein paar letzte Gänseblümchen, welche sich zur Winterruhe zurückgezogen hatten, öffneten für kurze Zeit wieder ihre Blüten. Die Wintersonne stand schon tief am Horizont, als Frau Pümpel ihren Ehemann zwischen den herumliegenden Maulwürfen und leeren Glühweinflaschen fand. Sie legte ihn liebevoll auf den Schlitten und so wie damals vor 2010 Jahren Maria und Josef mit einem Esel nach Bethlehem zogen, zog Frau Pümpel ihren „glüh-weinenden" Mann wieder nach Hause.

So ist Weihnachten geworden und es kam zu einer globalen „Herzerwärmung" zwischen Pümpel- und Maulwurfsherzen. Die Welt wurde wieder ein Stück freundlicher. Das liegt nicht an Weihnachten - sondern an Bauer Pümpel, an Dir, AN UNS ALLEN.

Und ein kleines bisschen auch am Glühwein.

„Mission Pümpossible"

Phase 3 - Ignition
Pümpel ready for take-off

Das Jahr neigt sich dem Ende zu. Bauer Pümpel und die Maulwürfe haben sich inzwischen von ihrer Überdosis Glühwein erholt. Das Thermometer ist in den letzten Tagen auf Minusgrade gesunken. Der Wiesenboden ist gefroren und die Maulwürfe sind somit arbeitslos. Oder mit anderen Worten: Die „Hart-4-Zeit" hat begonnen. Die ersten Maulwürfe haben sich vom harten Erdreich bereits ihre Schnauzen und Grabwerkzeuge wund gebuddelt und müssen nun eine Zwangspause einlegen.

Während sich viele Maulwürfe in tiefere, frostfreie Erdregionen zurückgezogen haben, hat Bauer Pümpel sich in seine Werkstatt zurückgezogen, um dort die streng geheime Operation „Mission Pümpossible" fertigzustellen.

Viele Klassenkameraden von Bauer Pümpel hatten nach ihrer Schulzeit weiterführende Schulen besucht oder gar ein Studium begonnen. Bauer Pümpel wählte einen komplett anderen Bildungsweg und studierte weiter intensivst in seinen MAD-Heften. Sein Wissens- und Bildungsstand war somit ein ganz anderer als der seiner Kameraden, aus denen nur Lehrer, Piloten, Sales Directors, Politiker, Informatiker, Dipl. Ing., tralala ... wurden.

Mit diesem Wissen wollte Bauer Pümpel etwas machen, was noch nie ein Mensch zuvor gedacht und gemacht hat - er wollte einen Maulwurf auf den Mars schießen. „Sollten sich Maulwürfe dort oben auf dem Mars wohler fühlen als hier auf der Erde, dann wären meine Probleme gelöst und ich könnte endlich meinen Golfplatz eröffnen."

In monatelanger Arbeit konstruierte Bauer Pümpel die „Pümpollo 1", die erste Rakete, mit der es gelingen sollte, einen Maulwurf ins Weltall zu befördern. Pümpollo 1 besteht aus insgesamt 3 Firebayer-Pümpeltriebwerken mit Sternwerfer-Antriebstechnik, welche es der Rakete ermöglichen, mit annähernder Lichtgeschwindigkeit zu fliegen. Ein weiteres Highlight ist der eigens für Maulwürfe entwickelte Raumanzug. Als Basis hierfür wurde eine Plastikpfandflasche aus dem Supermarkt verwendet. So ein Flaschen-Raumanzug ist leicht und ergonomisch, es passt genau ein Maulwurf hinein, und er bietet gleichzeitig einen hervorragenden Rundumblick beim Fliegen durch das Weltall.

Am Silvestertag, an dem so viele Menschen sinnlos Raketen und Geld in die Luft verballern, startete Bauer Pümpel schließlich seine alles andere als sinnlose „Mission Pümpossible". Liebevoll setzte er einen Maulwurf in den Flaschen-Raumanzug. Dann stöpselte er die Rakete Pümpollo 1 über ein USB-Kabel (Ultimative-Start-Beschleunigungskabel) an seinen Laptop an. Mit dem Laptop kann er auch jederzeit wichtige Daten über Rakete und Maulwurf abfragen und auswerten. Nach Eingabe des Abschusscodes und der Zielkoordinaten (welche sich aus der Quersumme der Fahrgestellnummer seines Traktors, multipliziert mit PIN + PUK seiner Handykarte, dividiert durch die Körbchengröße von Bäuerin Pümpels BH errechnen) war die Rakete nun endlich abschussbereit.

Mit den Worten: „Dies ist ein kleiner Schritt für mich, aber ein großer Schritt für die Menschheit" drückte Bauer Pümpel dann den Abschussknopf. Die Pümpeltriebwerke zündeten. Begleitet mit viel Rauch und Lärm schoss Pümpollo 1 mitsamt dem kleinen Maulwurf in den Silvesterabendhimmel und ins Weltall hinaus.

Sollte alles klappen, so können wir schon bald mit den ersten Bildern vom Mars rechnen. Vielleicht gibt es ja dort bereits Maulwürfe? Vielleicht liegen dort überall Pümpel herum? Und wer weiß, vielleicht ist der Mars ein einziger großer Golfplatz, auf dem reiche grüne Männchen kleine Bälle in Löcher schubsen und auch noch Freude dabei haben.

Wer weiß?

Der vorläufige Waffenstillstand

Zeit für den Frieden,
Zeit für eine kleine Raucherpause

Wie wird es weitergehen mit Bauer Pümpel und den Maulwürfen?

Was wird aus Bauer Pümpels großem Traum vom eigenen Golfplatz?

Kann die Feuerwehr die Situation ändern und Bauer Pümpel helfen?

Hat Bauer Pümpel die Schnauze voll und errichtet auf seiner Wiese einen Solarpark, um die Maulwürfe unter Druck bzw. Strom zu setzen?

Auch die große und schwere Wiesenwalze vom Nachbarbauern lässt Hoffnung aufkommen.

Ist der Einsatz eines Presslufthammers sinnvoll?

Kann die Krisensituation durch Kurzarbeit der Maulwürfe entschärft werden?

Gibt es überhaupt ein Leben ohne Maulwürfe?

Wird es am Ende gar keinen Sieger und Verlierer geben, sondern den ersten Golfplatz, auf dem Mensch und Tier friedlich miteinander Golf spielen können?

»So viele Fragen und bislang noch keine Lösung oder Antwort. Aber die Zukunft wird es zeigen, denn die Geschichte wird weitergehen mit neuen Bildern und Geschichten von Bauer Pümpel und seinen Maulwürfen.«

Schlusswort

„I dank Eich recht schee!“

Meist sitzen wir alleine in unseren Booten. Wir rudern durch das Leben und halten dabei Ausschau nach neuen Anlegestellen, Stationen oder Zielen, von denen wir überzeugt sind, dass es sich lohnt, wenn wir dafür unsere Kraft und Energie einsetzen.

Dann gibt es aber auch Zeiten, da weiß und spürt man, dass man nicht alleine in seinem Boot sitzt, weil es Menschen gibt, die mit Dir mitrudern, die Dich unterstützen, damit Du Dein Ziel auch erreichen kannst. Sie helfen Dir ohne zu fragen: „Wieso?“, „Weshalb?“, „Warum?“, „Was bringt es mir, was bringt es Dir?“.

Mein besonderer Dank und meine Anerkennung an alle „Mitruderer“, die mich bei meinen Bildern, Geschichten und bei diesem Buch hier unterstützt haben.

Hans Pollner, im Sommer 2010

»Jetzt ist mir etwas passiert, was mir noch nie passiert ist. Mir ist plötzlich das Buch ausgegangen. Dabei wollte ich Euch noch so viel sagen und zeigen. Wer weiß, vielleicht fange ich irgendwann wieder von vorne an ...«